ENRIQUE

Maravilla

*Feliz Cumpleaños
10.01.05.
¡¡¡ QUE SEAS FELIZ !!!
Laura*

longseller

MARAVILLA
© 1992 Enrique Barrios

Derechos exclusivos de edición en castellano
© Errepar-Longseller S.A.

Longseller S.A.
Casa matriz: Avda. Corrientes 1752
(C1042AAQ) Buenos Aires
República Argentina
Internet: www.longseller.com.ar
E-mail: ventas@longseller.com.ar

```
860-3(83)  Barrios, Enrique
BAR          Maravilla. / 2º ed. - Buenos Aires: Errepar,
           2001.
              112 p.; 20x14 cm.

              ISBN 950-739-997-6

              I. Título - 1. Narrativa Chilena
```

Queda hecho el depósito que marca la ley 11723

Impreso y hecho en la Argentina
Printed in Argentina

Ninguna parte de esta publicación, incluido el diseño
de la tapa, puede ser reproducida, almacenada o
transmitida de manera alguna ni por ningún medio,
ya sea eléctrico, químico, mecánico, óptico, de grabación
o de fotocopia, sin permiso previo del editor.

Esta edición de 3.000 ejemplares se terminó
de imprimir en los talleres de Longseller, en Buenos Aires,
República Argentina, en octubre de 2001.

ÍNDICE

Prólogo 3

Capítulo 1 7

Capítulo 2 15

Capítulo 3 21

Capítulo 4 29

Capítulo 5 39

Capítulo 6 51

Capítulo 7 61

Capítulo 8 71

Capítulo 9 79

Capítulo 10 85

Capítulo 11 93

Capítulo 12 103

OBRAS DE ENRIQUE BARRIOS

Ami - El Niño de las Estrellas

Ami Regresa

Ami y Perlita

El Maravilloso Universo de la Magia

Cuentos de Amor, estrellas y Almas Gemelas

Mensaje Acuariano

Cartas de Dios para ti

Dios para locos bajitos

Ami.3

PRÓLOGO

Lectora, lector, primero quiero agradecer tu cariño, quiero agradecerte porque me comprendes, porque sé que cuento contigo, y eso no es poco, porque a ti dedico mi vida. De todo corazón, gracias.

Segundo, quiero contarte que he decidido en esta obra "salir al escenario", es decir, ser el protagonista de ella. ¿Para qué? Para cumplir mejor con un aspecto de mi trabajo, que consiste en desmitificar la espiritualidad, acercarla más a lo cotidiano, a las personas normales, a Manolo, el vecino de la esquina, que piensa que lo espiritual es exclusividad de seres superdotados, de santos, de elegidos, y él no tiene nada de eso; además las cosas "sagradas" le causan cierto temor o le parecen más fantasía que realidad, y se siente muy diferente de esos señores que hacen yoga o cosas así y que son vegetarianos y parecen ser muy elevados y puros.

"Para eso hay que ser muy especial, yo no soy un santo, tengo defectos, imperfecciones… No, eso no es para mí", piensa Manolo, por eso prefiere alejarse y enterarse sólo de política, deporte, finanzas, farándula, ciencia o arte —aspectos de nuestra cultura que son importantes, claro— pero como Manolo, aparte de ser Manolo el de la esquina, es además una criatura cósmica en crecimiento, en evolución, tiene también necesidad de información que le ayude a ser más humano y menos ignorante acerca de sí mismo, aunque no se dé cuenta cabal de ello; y como se cerró a esas cosas por sentirse muy imperfecto o porque no cree en ellas, perdió la posibilidad de encontrar el camino que podría llevarle justamente a perfeccionarse un poco más, a no cometer errores graves, a no violar principios cósmicos inmutables, a utilizar en su favor fuerzas que están a su alcance, para poder así vivir un poquito más en armonía con el fluir de la vida universal, sufrir menos y encontrar la senda hacia una forma superior de existencia.

Pobre Manolo, no sabe que es un pequeño dios, un gran Mago...

Te contaré que yo soy como Manolo, la única diferencia es que sé ciertas cosas que él desconoce, porque tuve la suerte de no cerrarme; a pesar de mis defectos y de mi falta de fe en muchas recetas, seguí buscando y encontré algo, pero soy como él, soy un producto de este siglo, con toda la imperfección interior de Manolo, no demasiado inteligente ni culto, con una gran fe en Dios, eso sí, pero en Dios, a secas, cuestionador de muchas cosas que me parecen fantasía, igual que Manolo y, a pesar de todo ello, he podido tener experiencias espirituales o paranormales (algún día le quitaremos el "para") que han sido muy importantes para mí, tanto, que han marcado el inicio de mi trabajo de escritor y que han provocado un vuelco total en mi vida, pero sin llegar a convertirme en un asceta. No es mi propósito. Yo sé que es un grave y muy difundido error el tomar ciertas abstinencias como segura fórmula de evolución de la conciencia. Si así fuera, entonces los deportistas en general serían unos Maestros... Basta con una conducta normal para comenzar (es decir, bastante defectuosa) y luego, poco a poco ir tratando de superarse.

Como he vivido muchos momentos de felicidad gracias a mi contacto con lo espiritual, como hasta dinero he recibido, quisiera que Manolo se enterara de posibilidades que se está perdiendo y que son más lindas e interesantes que el resultado de la Supercopa; por eso mi propósito inmediato es el de animar a personas normales a interiorizarse un poco más en el camino del crecimiento interior, pensando que ello a la larga contribuirá en la transformación gradual, pacífica y armoniosa de este mundo, que no cambiará a partir de santos, porque son muy pocos y porque están más interesados tal vez en su propia santidad que en el mundo actual, sino a partir de personas como Manolo, yo y Rosa, porque somos la mayoría; por eso he decidido retratar a una persona normal, yo, en su contacto con realidades superiores. Ya lo hice con Pedrito y Ami, pero hay otros escalones, avancemos un poquito más.

Te cuento de paso que he decidido mantener en privado mi vida familiar, así que en ese punto esta historia no se ajusta en un ciento por ciento a la realidad; en cambio en todo lo demás, no necesariamente...

Digamos entonces que esto es una "realidad novelada", con lo cual no aclaro nada y todos quedan contentos (espero).

E. B. Sin lugar ni fecha, porque estas cosas trascienden espacio y tiempo, así que poco importa que esté en Buenos Aires y que sea 5 de marzo de 1992...

CAPÍTULO 1

Santiago de Chile, domingo 10 de enero de 1988.

—Señor Barrios —dijo por el teléfono la autoritaria voz del desconocido—, usted está listo para encontrarse con un ser extraterrestre.

Corté, por supuesto.

Creen que porque uno escribe historias con esos temas, uno es un pobre ingenuo, un crédulo, un tonto, pensé molesto.

Volví al computador para intentar una vez más sacar adelante el tercer título de la serie que comenzó con el niño de las estrellas y continuó con su regreso, pero, como era habitual en aquellos días, mi mente estaba en blanco, no se me ocurría nada.

Nuevamente el teléfono vino a interrumpir mi poco fecunda labor creativa. Me puse tenso. Esperé que no fuese el mismo ocioso anterior.

—Diga —expresé con cierta aspereza.

—Señor Barrios, esto no es una broma, si corta de nuevo volveré a llamarlo en diez minutos, para que tenga tiempo de meditar, pero será la última vez, y si me rechaza nuevamente perderá usted la única posibilidad en su vida de tomar contacto con un ser extraterr...

—¡CLICK!

Frente al teclado, una inquietante idea se me cruzó: ¿y si fuese verdad?...

—¡Pamplinas! —exclamó Dudote, un yo mío que es bastante incrédulo.

No me pareció que un llamado telefónico fuese el inicio del camino a un "encuentro cercano del tercer tipo". Tendría que ser algo más íntimo, telepático, qué sé yo. Esos llamados tenían un noventa y nueve por ciento de posibilidades de ser la obra de un bromista o demente.

—Y un uno por ciento de probabilidades de ser algo serio. ¿Vas a arriesgarte a cerrar definitivamente esa oportunidad maravillosa? —dijo Bobi, otro yo mío que parece estar dispuesto a creerlo todo.

Como los diez minutos habían pasado, el teléfono estaba sonando.

—Recuerda que es tu última oportunidad —continuaba diciendo mi yo crédulo.

—Y que no se pierde nada con averiguar. Tal vez haya algo interesante por ahí —dijo Curi, otro aspecto mío que es la curiosidad en persona.

Decidí escuchar, sólo escuchar.

—Diga.

—Señor Barrios, sepa que el contacto físico no se ha producido debido a ese bajo nivel de conciencia en el que usted vive, por eso no sale todavía del plano teórico en la temática que aborda en sus libros. ¿Va a escucharme o no?

Sus palabras me tomaron por sorpresa, eran coherentes, correspondían a lo que yo mismo pensaba acerca del asunto. Casi estaba por creerle, pero, obedeciendo a una tendencia mecánica me hice pasar por campeoncito:

—No le creo nada, pero le escucho. Los locos también dan tema para mis libros —dijo Payasín, un yo bromista mío.

—¡No lo ofendas, no lo ofendas, se puede enojar! —manifestó asustado Bobi.

—Déjate de tonterías y escucha —expresó Curi.

—Esas actitudes suyas son el resultado de su bajo nivel de conciencia. Todavía no se pone a la altura de su misión. O me escucha con seriedad y respeto, o se olvida de recibir material para su próximo libro...

Aquello fue un golpe bajo. Ni siquiera mis amistades íntimas sabían que yo estaba totalmente desprovisto de inspiración para esa obra; sin embargo, no consideré que aquel acierto fuese una prueba rotunda de que yo estaba hablando con un extraterrestre. De que el hombre tenía cierto grado de videncia, eso era obvio, pero no me bastaba. He conocido personas que por un lado tienen facultades paranormales y, por otro, algo de desajuste mental en algún caso, o una conducta no demasiado honesta en otros; y también, por supuesto, he constatado la existencia de personas videntes, equilibradas y honestas; así que decidí ser muy prudente, pero Dudote se metió en el baile y quiso poner a prueba al misterioso visitante telefónico.

—Mi próximo libro está casi listo —mentí.

—Señor Barrios, usted todavía no es capaz de tomar conciencia de lo que está sucediendo; se encuentra a las puertas del contacto con realidades más elevadas, en las que la mentira, la duda y la ofensa no caben, así que, o se centra en su ser espiritual o se le terminan las posibilidades de avance en su labor.

La verdad es que sentí algo de temor y vergüenza, pero me rebelaba a abrir mis puertas a alguien que podría manipularme.

—¿No cree que este tipo de cosas se deben conversar personalmente, cara a cara, y no detrás del anonimato de una llamada telefónica?

—Para eso justamente le estoy llamando, para que tengamos una conversación privada y personal. Tenemos que vernos a solas.

El hombre mostraba una seguridad impresionante. Parecía hablar como si fuese una especie de jefe mío.

—¿Quién es usted?

—Mi nombre es Clarken.

Payasín quiso decir "igual que Superman", pero logré dominarlo. Pensé que el tipo estaba inconscientemente influido por las aventuras del hombre de acero, que se llama Clark Kent y que es extraterrestre. Esa suposición me hizo desestimarlo bastante, pero inmediatamente agregó:

—Hay cosas que podrían parecerse en la superficie, pero no en el fondo, como Clark Kent y Clarken, ¿no?, o como El Principito y Ami...

Comprendí que no estaba hablando con ningún tonto, como había llegado a pensar. Eso me hizo considerarlo con mucho más respeto.

—¿Tiene usted contacto con seres extraterrestres? —preguntó Curi.

—Yo soy extraterrestre —afirmó.

Maldije mi suerte. Me sentí prisionero de mi propia trampa. Por creer en los seres espaciales me encontraba expuesto a los delirios de cualquier loco. Hubiera querido cortar la comunicación y olvidarme del asunto, pero estaba el condenado o bendito uno por ciento... y además Bobi y Curi estaban fascinados.

—Usted comprenderá que eso no es fácil de creer, ¿verdad? —dije, con gran suavidad para que no se fuese a molestar.

—Claro que no es fácil desde un nivel inferior de conciencia creer en una verdad perteneciente a un orden superior de existencia, pero lo importante es que usted no descalifique en forma rotunda y que deje un espacio en su mente para esa posibilidad. Por ese espacio justamente puede cambiar su mundo, su universo personal.

De un modo u otro sentí confianza en él. Había cierto "peso" en sus palabras, me pareció percibir en ellas el aroma de ese orden superior que mencionó.

—Podrá darme una prueba, espero.

—Naturalmente, pero, como usted mismo dijo, este tipo de asuntos deben conversarse en privado. ¿Puede estar mañana a las diez de la noche en la Plaza de Armas?

—Sí, pero no sé cómo vamos a reconocernos...

—Yo le conozco a usted. Hasta mañana.

Cortó sin darme tiempo para decir o preguntar nada más.

Al otro día, después de una larga lucha entre mi yo crédulo y mi yo incrédulo, en la que triunfó el primero por un uno por ciento, confabulado con Curi, me encontraba paseando por la plaza.

—Cómo se estará riendo de ti el bromista del teléfono al verte dar vueltas como uno de esos maricas que andan por aquí, ja, ja —decían Payasín y Dudote.

—Cuando llegue el extraterrestre Clarken y nos lleve a su nave, ese par de incrédulos se va a tragar sus palabras —me reconfortaba Bobi.

Un joven se acercó a mí con una sonrisa amable. Tenía apariencia sana y deportiva, vestía en forma sencilla.

—Mi nombre es Clarken —dijo, extendiéndome su mano. Tenía un leve acento extranjero que por el teléfono no noté.

Por nuestra conversación anterior me había hecho la imagen de un señor mayor, de gesto sombrío, alguien completamente diferente de aquel joven alegre que parecía evidenciar un elevado nivel interior, a juzgar por sus grandes y serenos ojos, por sus actitudes y gestos armoniosos y por cierto "brillo" que le rodeaba y que he aprendido a detectar a raíz de mi contacto con personas adentradas en la espiritualidad; pero Dudote ha ido considerando después que algunas de esas características pueden fingirse, por ejemplo por actores que representan en la pantalla a grandes místicos, o que pueden ser autoinducidas en personas que "creen" estar avanzadas, aunque no lo estén tanto todavía, así que me mantuve cauteloso, lamentando no disponer del "sensómetro" de Ami para examinar a Clarken en la pantalla... Pronto recordé la forma enseñada por Jesús para reconocer el valor real de una persona, y que consiste en juzgarla, no por su linda cara, sino por sus obras, por sus frutos.

Lo malo era que yo no sabía absolutamente nada acerca de aquel ser.

Me invitó a un restaurante cercano a conversar. Una vez sentados frente a frente ante una mesa, mientras esperábamos al mozo, dije:

—Por teléfono me pareció usted un hombre mayor y muy severo.

—Dados sus patrones psicológicos, consideré que actuando así tendría mayor probabilidad de alcanzar su confianza —expresó con una sonrisa cálida, como disculpándose.

Quise preguntarle cómo sabía tanto acerca de mis patrones psicológicos, pero como afirmaba ser extraterrestre, tendría que saber o fingir saber mucho acerca de nosotros, los poco evolucionados terrestres. Imaginé que sería o creería ser uno de esos "misioneros" que menciono en "Ami regresa", que son nacidos en la Tierra y en familias normales, pero cuyas almas provienen de mundos más avanzados que éste, aunque ellos no lo recuerden o lo hagan después, luego de cierto desarrollo interior.

—Así que usted es extraterrestre —dije, yendo de inmediato al grano.

—Así es. Provengo de un mundo de las Pléyades.

Lo miré como Pedrito observando a Ami en la playa. Creo que pensé "siento como si fuese verdad", pero allí estaba también el aguafiestas, quien manifestó su típico "¡Pamplinas!".

—¿Cómo podría comprobarlo? —pregunté, tratando de ser muy cortés.

—Esta noche tendrá usted la visita de un ser extradimensional en su habitación.

Sentí un hielo en la columna vertebral. Pensé que si la mismísima Virgen se me apareciese por sorpresa en la oscuridad de mi cuarto me daría terror.

—Preferiría un encuentro con algo más material, más sólido, como una nave, por ejemplo... —dije, un poco bromeando, otro poco en serio.

El joven sonrió.

—Será un encuentro muy agradable... —expresó con una mirada que anunciaba algo hermoso.

—¿Con quién?

—Con un ser que viene enviado por "Ami", llamémosle así, con la finalidad de traerle información para otro libro.

Dudote quiso salir huyendo de allí. A pesar de que más de una vez me dijeron que Ami tiene existencia real, me pareció que estábamos entrando en un terreno cercano al delirio; pero por otro lado, el uno por ciento...

—¿Y por qué es necesario que esa información provenga de un ser inmaterial? Usted mismo podría enseñarme...

Apareció el mozo. Yo pedí un café cortado; él, un agua mineral. Cuando quedamos solos se acercó un poco más, me miró fijamente a los ojos y en voz baja dijo:

—Señor Barrios, la clase de conocimiento que le toca ahora recibir está relacionada con otros planos de existencia, fuera de la tercera dimensión. Tiene que ver con ENERGÍAS —acentuó esa palabra— y no sólo con datos intelectuales. De ahora en adelante usted debe tomar contacto definitivo con otras formas de conciencia, con otro tipo de energías y con OTRA CLASE DE SERES INTELIGENTES...

Como también tengo un yo temeroso, Conejo, sentí un nudo en el estómago. Imaginé que esa "otra clase de seres" serían fantasmas, ánimas en pena, duendes o cuerpos astrales de quién sabe qué especie de entidades. No me sentí nada feliz. Mi única esperanza consistía en que Dudote tuviese razón y que a Clarken le faltase un tornillo; entonces nadie iría a visitarme en la noche. Pero Bobi y Curi estaban muy entusiasmados, porque su universo estaba a punto de ampliarse en forma considerable.

—Mi participación concreta en esto consiste en tratar de lograr su consentimiento para que ese contacto se produzca, porque si usted no lo desea, él no puede tener lugar, ya que en los niveles elevados de existencia se respeta la libertad individual. Normalmente este tipo de encuentros se produce cuando existe una invitación, una invocación previa, y si es que está dentro de lo conveniente; pero en este caso no ha habido ninguna invocación de su parte, a pesar de que desde "arriba" necesitan comunicarse con usted. Esto es bastante inusual, por eso he debido actuar como intermediario.

—Es cierto, creo que no he invitado a nadie —dije.

Por culpa de Conejo, pensó Payasín.

—Y, en el caso de que usted acepte la comunicación, debo darle ciertas instrucciones para que sus dudas y sus temores no interfieran en el contacto.

Como el asunto se ponía cada vez más coherente, dentro del contexto de un tema tan peculiar, me interesé a fondo, pero todavía no tenía pruebas de que él fuese de otro mundo, y se lo manifesté.

—Esta noche tendrá la confirmación.

—¿De qué manera?

—Si el encuentro se produce, lo demás es también verdad, ¿no?

—Mmmm... supongo que sí.

Me preguntó luego si yo estaba dispuesto a tener aquella experiencia, y como me interesa elevar mi nivel humano, y como intuyo que ese crecimiento interno en algún punto debe llegar al encuentro consciente con formas superiores de vida, le dije que sí, que estaba dispuesto; entonces me dio ciertas indicaciones para crear un campo energético adecuado en mí mismo aquella noche. Manifestó que el temor, la fe ciega, la curiosidad y la duda corresponden a un bajo nivel de conciencia, y que desde ese nivel se irradian energías de baja frecuencia que perjudican el contacto con fuerzas de un nivel superior. También me dio instrucciones para sobreponerme a esas tendencias inferiores. Dijo que ellas pertenecen al "psiquismo automático", a zonas más bien inconscientes de la mente.

Luego se despidió.

Payasín se burló bastante de Bobi, Duda, Curi y Conejo, ignorando que él también pertenece a mi psiquismo automático, só-

lo que Clarken no lo mencionó, tal vez porque no suele intervenir en situaciones relacionadas con contactos extradimensionales...
Creo que Conejo no se lo permite.

CAPÍTULO 2

Orejas largas me censuraba por no tener compañera, porque esa noche estaría solo en el departamento para encontrarme frente a frente con un ser de otra especie, de esos que atraviesan paredes... y yo a veces le encontraba razón.

Luego de realizar los trabajos indicados por el joven que afirmaba ser extraterrestre, y luego de esperar en vano durante horas en la soledad de mi habitación, haciendo supremos esfuerzos por permanecer en armonía interior, me quedé dormido.

—Despierta, Enrique.

Dicen que cuando dormimos solemos abandonar el cuerpo físico y nos vamos a visitar los espacios siderales u otras dimensiones de existencia y vivimos en otros mundos, encarnando tal vez otros personajes. En esos casos escuchar nuestro nombre actúa como un telefonazo que nos hace regresar de inmediato a uno de los mundos y a uno de los personajes que encarnamos; es entonces cuando "despertamos"... ¿o comenzamos a soñar que somos Enrique Barrios o fulano de tal, pero muy convencidos de que el asunto es real? Estas reflexiones me las hago ahora, luego de todo lo que me enseñó... no, no nos adelantemos.

Abrí los ojos, percibí el brillo de una tenue luz delante de la guitarra que colgaba en la pared, a los pies de mi cama; una esfera de luminosidad verdosa flotaba en el aire de mi habitación.

—Hola, Maravilla —exclamé contento.

Todavía no despertaba del todo; no recordé los preparativos del encuentro ni la conversación con Clarken.

—Hola —dijo la voz proveniente de la claridad.

Pero un segundo después sí recordé quién era yo, en qué especie de mundo vivía, el tipo de realidades que son las normales en este plano de existencia y la clase de seres que lo habitan. De acuerdo a todo eso, yo estaba frente a algo espantoso: ¡una aparición!...

Busqué el revólver bajo mi almohada. No estaba, claro que no estaba, porque jamás había tenido un revólver...

¿Por qué entonces me pareció que tenía uno bajo la almohada? ¿Por qué me alegré en el primer instante en que vi la luz? Las respuestas a esas preguntas las tuve mucho después.

—Cálmate, soy tu amiga...

Conejo comenzó a quejarse amargamente: "quién te mandó a meterte en asuntos raros; qué locura haber aceptado la visita de un alma en pena, un fantasma o algo peor"...

—Cálmate, Enrique, tu temor perturba. Vengo del Amor, del Dios Amor —dijo la aparición.

Sólo entonces recordé a Clarken y sus instrucciones. Me centré en mi yo espiritual, "el Jefe". Cerré los ojos y respiré profundo. Una sobrecogedora paz y luz interior me invadió. Bajé la cabeza, como quien está ante la Presencia de Dios.

Poco después pude pensar en calma. Acepté con serenidad el hecho de estar frente a un ser de otro tipo de mundo. Comprendí además que efectivamente estuve conversando con un ser extraterrestre. Poco a poco una alegría inmensa me fue invadiendo, porque un encuentro de esa clase era uno de mis anhelos más secretamente acariciados. Por fin tenía algo más que sensaciones interiores, por fin tenía la PRUEBA de que hay otro tipo de realidades; por fin podría hacer tantas preguntas acerca de mis libros, del Plan Divino, de Ami, de esa próxima obra que tanto me estaba costando escribir, de los extraterrestres, del fin del mundo, del más allá, etc., etc., etc.

—¿Pruebas? ¿Qué pruebas? —manifestó Dudote.

—Este ser luminoso que está frente a nosotros —dijo Bobi.

—Qué ser luminoso ni qué nada, fue un sueño, el bromista ese te sugestionó. Abre los ojos y comprobarás que no hay nada —insistió la duda viviente que existe en mí.

A pesar de las instrucciones de Clarken acerca de la negativa influencia generada por las dudas, la curiosidad y el temor, mi mente comenzó a ser dominada por mis yoes inferiores.

—No abras los ojos, me da miedo —decía Conejo.

—Ábrelos, porque no hay nada, excepto la guitarra en la pared.

—Sí hay, es un ser divino, no seas hereje.

—Ábrelos, para saber qué hay allí.

—Tengo miedo.
Me olvidé completamente del Jefe, de mi yo espiritual, de mi conciencia superior. Abrí los ojos y, claro, no había nada. Busqué hasta por debajo de la cama, pero nada, se había ido o, lo que es peor y contaba con un noventa y nueve por ciento de probabilidades de ser la verdad, nunca existió...

—¿Te diste cuenta? El farsante aquel te sugestionó, eso fue todo.

—Mejor que se haya ido, qué bueno. Ojalá no regrese nunca más.

—Esos "pesados" con sus malas vibraciones nos privaron de un encuentro extraordinario...

Un poco más tarde, Dudote se había apoderado de la situación.

—Nunca hay nada. La realidad de las realidades no es el amor, sino un inmenso vacío que la mente llena con historias, historias y más historias, como dice el budismo Zen; pero más allá de esas historias autofabricadas, autocreídas y autoproyectadas, nada, humo, y aparte del humo, la NADA, nada de nada, cero, el Cero Fundamental...

—Creo que tienes razón —dije, bastante desilusionado.

—Claro que tengo razón. La mente se inventa sus dioses y demonios, Horus, Shiva, el diablo, la reencarnación, la salvación, el Paraíso y el infierno; los extraterrestres buenos o malos, los ángeles, los duendes, la iluminación y los fantasmas; los seres extradimensionales y los maestros ascendidos; el paraíso con arpas, con odaliscas o con walkirias; la Pachamama y la Llorona, los mantras y las oraciones, los viajes astrales y las posesiones, los mensajes telepáticos y las revelaciones; todo eso es historias, historias y nada más que historias inventadas por la mente. Más allá de las historias que entretienen a los tontos, la NADA, NADA DE NADA, y tú eres un farsante, Enrique Barrios, traficas con la credulidad ajena escribiendo historias falsas; pero no, no te alcanza la inteligencia para ser un buen farsante, no eres más que un ingenuo tarado que se traga todo lo que escucha o lee o IMAGINA haber experimentado, y con esa ensalada de viento mental elabora otras historias que otros ingenuos como tú se tragan, desconociendo que la Ley Fundamental del Universo es la NADA, lo demás, ¡pamplinas!

Bobi, Curi y yo estábamos demolidos, y como el Jefe no estaba por ninguna parte, entre tan optimistas pensamientos volví a quedarme dormido.

Tuve uno de esos sueños recurrentes, a los que volvemos una y otra vez durante largos períodos de nuestras vidas.

Me encontraba ante una especie de tribunal para ser examinado por muchos ancianos vestidos de blanco que me observaban desde sus estrados.

Todo se expresaba allí en forma telepática. Yo también así lo hacía.

Uno de los ancianos, bastante macizo y algo más joven que los demás, era una suerte de "padrino" o "protector" mío. Yo sentía algo así como una conexión anterior con él, pero no podía recordar quién era. Tenía lisos cabellos cenicientos partidos al centro, largos hasta más abajo de sus rectos hombros. No me daba la impresión de ser un santo, como sí parecían serlo algunos de ellos, sino la de un hombre alegre, optimista y creo que hasta algo travieso y juguetón. Otros, muy serios, evidenciaban una profunda inteligencia; otros eran la imagen de la bondad encarnada en un hombre.

—¿Cuál es la función del sufrimiento con respecto a la evolución de la conciencia? —me preguntaba uno de los examinadores.

Mis respuestas sin palabras conformaban algo así como un bloque telepático de color dorado que yo emitía, pero no recuerdo con exactitud los conceptos que encerraba; sólo guardo una "sensación" de ellos, porque era un conocimiento que está muy por encima de mi conciencia habitual.

—¡Le falta certeza! —protestaba un señor más bien hosco, casi agresivo; un anciano delgado, de movimientos rápidos y nerviosos, de blancos y ensortijados cabellos. Tenía una penetrante y poco amistosa mirada azul grisácea. Supe que era el abogado del diablo del equipo. Su labor consistía en detectar las imperfecciones de mi dominio sobre ciertos conocimientos universales. Todavía retengo en mí sus ojos llenos de dudas hacia mi persona.

—¿Por qué una creencia espiritual discordante con el fluir superior del cosmos perjudica incluso genéticamente la estructura cerebral? —preguntaba otro.

Como una estrella en el escenario, mis respuestas afloraban con una seguridad casi perfecta, pero este "casi" era justamente lo que no le agradaba al examinador.

—¡Le falta certeza! —se quejaba ante los demás con ademanes expresivos.

—Lo hará bien —opinaba sonriendo mi padrino, mi amigo.

Los demás estaban de acuerdo.

El anciano inquisidor no quedaba satisfecho del todo, se acariciaba la barba hurgándome hasta el fondo del alma con su desconfiada y fría mirada.

—¿En qué consiste la realización del Ser Interno?

Yo respondía como una especie de "Pelé de la filosofía", aunque el anciano pensara que no llegaba siquiera al nivel de un aficionado de barrio.

CAPÍTULO 3

Pasé el examen, creo que con la nota mínima para aprobar, pero desperté con la sensación de haber triunfado en algo.
Todavía no amanecía.
Nuevamente la luz estaba allí, en mi habitación.
Esta vez no me asusté. Creo que el sueño me brindó alguna energía especial.
Observé serenamente aquella luz compuesta por millones de pequeños puntos luminosos de un verde dorado.
—Estás soñando —dijo Dudote, pero el Jefe, que estaba allí, al mando, le lanzó una bofetada mental que lo dejó sepultado bajo el piso.
En vista de ello, Conejo no se atrevió a asomar siquiera sus largas orejas, y no por temor a la aparición, sino a mí.
Bobi estaba feliz ante la presencia de lo maravilloso y quiso ponerse a temblar de emoción. Gracias a un movimiento de mi voluntad fue junto con Curi y Payasín a parar al mismo lugar que el señor duda, porque también ellos me importunaban.
Mantuve la vista fija en la luz. Tenía vida, como si respirara. Instantes después expresé una pregunta.
—¿Quién eres?
El brillo sobrenatural pareció agitarse al responder:
—¿Y tú; quién eres?
Comprendí que se me pedía definirme a mí mismo desde el mejor nivel de conciencia al que pudiese acceder en aquel momento. Hice un esfuerzo para elevar mi comprensión al máximo posible y dije:
—Soy un servidor del Dios Amor.
—Mmmm... regular, demasiado olvido aún, pero hace poco pensabas que Dios era la nada...
Capté cierta sana ironía en aquella voz femenina, suave y grata al oído y al alma... ¿Dónde había escuchado antes esa voz que me evocaba la sensación de una antigua y querida

proximidad? Entonces se coló Feote, un yo acomplejado que tengo.

—Es que a veces me confundo y pienso tonterías —me disculpé sintiéndome estúpido, ignorante, pequeño e insignificante.

Tres estrellitas de luz brotaron de la esfera viviente. De algún modo supe que aquello significaba alegría, risa o algo parecido.

—¿Quieres jugar a eso? Vaya, me pareció verte respondiendo en forma impecable en un examen reciente, y ahora resulta que no sabes nada...

No me sorprendió que el ser de luz estuviese al tanto de mis sueños. Debo explicar que aquello estaba sucediendo en un nivel de conciencia que no es el habitual en mí. En esa dimensión de mi mente yo sabía que de intentar analizar la situación con Dudote, todo se esfumaría; por eso me mantenía por sobre el asombro, más allá del "no puede ser", más arriba de la pregunta "¿sueño o realidad?".

—¿Quién eres? —volví a preguntar.

—Mi nombre es Maravilla. ¿No me recuerdas?

—No sé... algo me evoca... ¿te conozco de otras vidas?

—Más bien de OTRO NIVEL DE CONCIENCIA, pero es lo mismo, porque existimos al nivel de nuestra conciencia. Existencia y conciencia es lo mismo.

"Existencia y conciencia es lo mismo", me repetí, analizando aquellas palabras una y otra vez, como presintiendo que allí se encerraba la solución de un trascendental enigma. "Existencia y conciencia es lo mismo"...

Instantes después, cuando capté el sentido profundo de aquella afirmación, un destello de luz remeció mi mente hasta sus raíces; fue entonces cuando supe en forma indudable y rotunda que efectivamente estaba ante mí algo más que una ilusión o sueño, porque yo acababa de recibir un conocimiento esclarecedor, cosa que no puede provenir de una alucinación... y como para quienes nos gusta saber más, nada es más hermoso que encontrarnos de pronto ante una fuente de sabiduría, sentí un júbilo inmenso, comparable al que puede experimentar un aficionado a los violines cuando le permiten tocar un Stradivarius. Me preparé para hacer mil preguntas, pero Maravilla tenía otros planes.

—Enrique, las respuestas a lo que preguntamos, en general no nos enseñan nada.

Esa curiosa afirmación me llevó a una extraña disposición mental. Por un lado hizo aparecer una parte muy analítica de mi inteligencia, diferente de Dudote, quien mecánicamente rechazaba todo. Esa facultad superior mía simplemente busca la claridad, la verdad, pero estaba semibloqueada desde que desperté; y por otro lado yo aceptaba tranquilamente estar ante un ser de luz que parecía saber mucho. Justamente por eso me lancé de lleno a la clarificación de conceptos.

—¡¿Qué?!... Creo que no comprendo... no estoy de acuerdo. Si yo pregunto por ejemplo cuál es la capital de Sierra Leona...

—La respuesta a esa pregunta no te enseña nada, porque cuando digo "enseñanza", me refiero al tipo de conocimiento que hace crecer interiormente, que lleva a un nivel superior de conciencia, que nos convierte en una persona, no más erudita o ilustrada, sino más sabia.

—Estoy de acuerdo, pero hay otras preguntas cuyas respuestas sí nos hacen crecer interiormente.

—¿Por ejemplo?... —dijo Maravilla con cierta entonación picaresca.

—¿Existe o no existe Ami?

—Eso es curiosidad, Enrique, y la curiosidad es sed del intelecto, pero aunque el intelecto sea rellenado de información, eso no nos hace crecer, no basta. Recuerda lo de "los dos cerebros".

Ella se refería a una idea que aparece en el primer libro de Ami.

—¿Quiere decir entonces que todo lo que yo pueda preguntar es simple curiosidad?

—No siempre, pero en general, así es; por eso las respuestas de casi todo lo que preguntamos no nos pueden enseñar nada que nos haga crecer interiormente.

—No sé... me cuesta captar eso... ¿podrías explicármelo mejor?

La luz pareció reacomodar su forma. Supe que buscaba la manera de enseñarme por otro camino.

—Enrique, preguntamos desde lo conocido y encontramos respuestas conocidas.

El asunto se complicaba, ya parecía chino.

—Eso no lo entiendo. Yo no sé cómo es la verdadera historia de Ami, por ejemplo, no sé si existe o no, pero tú insinúas que sí conozco la respuesta... —dije, casi desesperado por poder comprender mejor.

—No me refiero a datos, a información. Quiero decir que preguntamos desde cierto nivel de conciencia, lo conocido, y obtenemos respuestas para ese nivel, lo conocido. Podemos obtener datos nuevos, pero ellos no nos llevan a un nivel superior de conciencia. No basta con datos de ese nivel para que crezcamos. Si yo quisiera explicarte cómo es "el asunto Ami", tendría que darte una respuesta a tu nivel, o no comprenderías nada, y esa respuesta te mantendría en el mismo nivel de conciencia, en lo conocido, y lo conocido no enseña nada —dijo Maravilla remeciendo mi mente.

—¿Y qué es lo que nos puede enseñar, entonces?

—Lo que nos puede enseñar es desconocido, y como lo es, no podemos preguntar absolutamente nada acerca de ello; pero sólo aquello que desconocemos nos enseña de verdad, y se reconoce porque SIEMPRE NOS CAUSA SORPRESA, es un inesperado destello de luz. El resto es repetición inútil.

"Vaya, con que la sorpresa es la marca de la verdadera enseñanza, entonces este ser que tantas sorpresas me está brindando...".

—¡Bienvenida seas, Maravilla; que Dios te bendiga; mil gracias por estar aquí! —exclamé contento al constatar que efectivamente tenía una fuente de sabiduría ante mí, una fuente que me iluminaba por un camino distinto al de responder mis preguntas, llevándome por un sendero inesperado que me hacía ver las cosas desde más arriba.

Una suave risa y cinco estrellas de alegría me indicaron que mi nueva Maestra tenía sentido del humor; aquello me entusiasmó todavía más.

—¿Ya no tienes temor?

—No, ya no.

—¿Entonces puedo ahora mostrarte mi verdadera apariencia? —me preguntó con un tono coqueto.

—¡Qué! ¿Tu verdadera apariencia?... ¿eso quiere decir que no eres una bola de luz verde?

—Claro que no, no en esta dimensión. ¿Quieres ver cómo soy en tu mundo?
—No sé, no estoy tan seguro... a lo mejor tienes cara de iguana... o de calavera...
Maravilla rió.
—Veo que unas largas orejas comienzan a asomar por ahí...
Efectivamente. Mi yo miedoso se estaba colando en el encuentro, pero las chispitas de luz me indicaban que ella se estaba divirtiendo, lo que me tranquilizaba.
—Te gustaría verme, pero siempre que yo sea COMO TE GUSTARÍA, ¿verdad?
—Esteee, justamente —dije con sinceridad.
—"Intolerancia estética" —exclamó riendo—, es por eso que en el plan de ayuda al planeta Tierra sólo pueden establecerse contactos con seres parecidos a los terrestres, como yo; al resto, ustedes se los pierden debido al tremendo "racismo óptico" que tienen —volvió a reír, yo también.
—Así que eres parecida a un ser humano...
—Soy un ser humano, pero no de tu misma dimensión.
—Entonces sí quisiera verte, pero siempre que no tengas cara de bruja —reímos.
—Bien, cierra los ojos, Enrique.
Lo hice, un poco nervioso, pero con una gran curiosidad por sobre todo lo demás.
—Aquí estoy —dijo Maravilla.
Abrí los ojos lentamente, poco a poco. Una hermosa dama de ojos claros que irradiaban destellos estelares me miraba con una sonrisa encantadora. Era la alegría y la ternura personificada. Vestía terciopelos y tules multicolores, predominando el verde claro, ancho cinturón dorado, capa como de princesa y, en su mano... una varita mágica...
—¡Un hada! —exclamé con júbilo.
Mi habitación se llenó de luz con su presencia, o tal vez fue mi corazón el que se iluminó. Sospeché que me iba a ser difícil no enamorarme de ella, de la dueña de esos ojos que me miraban con el amor más grande que yo hubiera jamás recibido.
—Lo que nos enseña de verdad siempre nos causa sorpresa —dijo el hada, envuelta en su aura de luz dorado-rosa, sonriendo como una reina de celestiales dominios.

Bobi se puso devocional, quiso postrarse a sus pies y quedarse allí para siempre...

Mi yo romántico elaboró historias de almas gemelas entre el hada y un Enrique-príncipe cósmico...

—Lo que tú quieras —dijo. Supe que se refería a mis pensamientos.

—¿Qué?

—Lo que tú quieras. Siempre se realiza aquello que creemos que es...

La observé con una expresiva mirada de tortuga. No comprendí nada.

—Quiero decir que la existencia es Magia, de instante en instante —expresó con una sonrisa luminosa, trazando con su varita una línea de estrellas en el aire, las que pronto se esfumaron.

Volví a sentirme tortuga. Mi caparazón era mi mente, mi dura cabeza que no podía captar el sentido de sus palabras. Casi creí verme en un jardín tropical moviendo mis pesadas patas a eso de las cuatro de la tarde...

El hada se estaba riendo de mí.

—Así fuiste justamente en el pasado, en tus dimensiones inferiores... pero qué olvidado, qué dormido estás acerca de tus realidades atemporales superiores.

Ahora me pareció estarla observando con la inteligente mirada de Rocky. Creo que hasta solté un lúcido "yea".

—¿Te puedes ver tú mismo?

—Yea... —dije, torciendo hacia abajo la boca, igual que el personaje del cine. Bueno, así me sentía más o menos.

—"Cada cual vive en el universo que es capaz de imaginar." ¿Te acuerdas de esas palabras? —preguntó.

—Yea... perdón, sí.

—Tú las escribiste.

—Sí, en "Ami regresa"... ¿Por?

—¿Qué quisiste decir con eso?

—No sé. Escribo muchas cosas que yo mismo no comprendo con claridad, siento que es una verdad y la escribo, aunque no alcance a comprenderla.

—Bueno, expresaste una verdad cósmica que sólo está al alcance de cierto nivel de conciencia. Esa frase encierra el material de tu próximo libro.

—¿De "Ami 3"?

—No, de "El maravilloso universo de la Magia". He venido a recordarte un tipo de conocimiento que conduce a la Magia.

—¿A la Magia?

—A la Magia consciente. Todos practicamos la Magia, de instante en instante, pero no todos nos damos cuenta...

—Yo no practico ninguna Magia, no sé nada de eso —expresé.

La risa cristalina de la hermosa Maravilla me indicó que para ella, yo estaba equivocado. Hizo un pase con su varita y cambié de mundo.

CAPÍTULO 4

Desperté en una cama que no era la mía, en una desconocida pero muy bien decorada habitación. El sol entraba por las leves y transparentes cortinas de un gran ventanal. Escuché cantos de pájaros afuera.

"No sé cómo vine a parar aquí... creo que sufro de amnesia... esto no es mi departamento de Santiago", pensé. Mis recuerdos llegaban sólo hasta antes del primer llamado de Clarken. Todo lo demás estaba borrado de mi memoria.

—Ojalá no hayas tenido líos con una mujer casada y esté por aparecer un marido furioso —dijo Conejo.

—Imposible —respondí— no soy de esa clase de bichos.

—Por temor a los maridos —dijo Payasín.

—Por respeto al karma —me defendí.

—Estás soñando —manifestó ya se sabe quién.

Me toqué un brazo. Era sólido y sensible. No, no estaba soñando. Observé que tenía puesto un pijama color amarillo claro. No era mío, pero me ajustaba muy bien.

En la pared frente a mí, a ambos lados del ventanal entreabierto, se veían cuadros modernos, predominando temas espaciales y "naif". Una mesita lateral tenía objetos decorativos de cristal. En un gran respaldo de la cama, lleno de compartimientos, divisé un moderno equipo de sonido y unos audífonos, discos compactos, que en aquel momento no supe qué eran, casetes de sonido y video, una lámpara de luminosidad regulable y varias revistas infantiles; poco más arriba se veían bastantes libros.

Recordé mi propio adagio: "por sus libros los conoceréis".

—Si es que los leen... —dijo el amigo Dudote.

Vamos a ver qué clase de persona habita aquí, pensé. Me levanté para examinar los títulos: "Extraterrestres en la Biblia", "Tertium Organum", "Bhagavad Gita", un diccionario inglés-español, libros de Sagan, Gurdjieff, Carey y... ¡Enrique Barrios!: "El maravilloso universo de la Magia"...

Creí que se trataría de un homónimo, pero no tuve tiempo de hojear el libro porque alguien se acercaba a la habitación...
—¡Escóndete bajo la cama! —Conejo estaba aterrado.
—Confía en ti y enfrenta la situación —dijo mi yo...
Fue en esos momentos cuando descubrí que había un yo nuevo en mí. Era bastante sereno y estaba al mando.
—¿Se puede? —dijo una voz femenina con acento centroamericano.
Mientras pensaba "¿qué digo ahora?", me escuché decir con gran aplomo "adelante".
Entró una bandeja de plata con humeantes jarras modernas, unas manos, un delantal blanco, un rosado vestido, un sonriente rostro de mujer morena. Sentí el aroma del café con leche.
—Buenos días, señor Enrique. ¿Durmió bien?
—Sí, Charito, gracias.
"¡No se extrañó al verme... me llamó por mi nombre!... ¿Cómo demonios supe el suyo?"
—¿Quiere que le traiga el Miami Herald?
"¡El Miami Herald; estoy en Miami!..."
—No, gracias, Charito. Dile a Romero que limpie un poco el automóvil, porque tengo que ir a Fort Lauderdale.
—¿El Mercedes?
—No, el Corvette, porque quiero llegar rápido... mmm, no, los puentes levadizos de la autopista son una lata, mejor iré en lancha, dile que vea si tiene suficiente combustible.
"¿De qué rayos estoy hablando? Parece que soy algo así como un magnate, y el jefe de esta casa además..."
—Esto no existe, no existe, ja, ja —expresó Dudote, comenzando a alterarse. Estaba perdiendo su equilibrio interior.
—¡Esto es maravilloso! —decía arrobado Bobi.
—¡Nos estamos volviendo locos, esto parece el futuro... nos dio amnesia... qué horror! —exclamaba Conejo.
—¡Qué interesante; pero qué interesante! —Curi también estaba feliz.
—Anoche bastante tarde llamaron de Japón, señor Enrique. Creo que tiene que volver a Tokio, a un programa de televisión.
"¡A Japón, a Japón; qué maravilla!", pensé fascinado.
—Sí, me lo temía. Qué molestia, justo antes de terminar un libro...

"¡¿MOLESTIA?! ¿Cómo pude decir esa infamia? Un viaje a Japón... una... ¡¿MOLESTIA?!"

Cuando la mujer se retiró y me dispuse a analizar la situación con todos mis yoes, "desperté". Maravilla estaba sonriendo frente a mí, en mi habitación de Santiago.

Mi mente de caparazón de tortuga acababa de recibir un mazazo. Maravilla se las había arreglado para destruir mi sentido lineal del tiempo, mis coordenadas espaciales y lógicas.

Aquello no había sido un sueño ni una alucinación, sino una realidad que mi mente no tenía forma de explicarse.

—Ja, ja, ja. Ahí está otra vez el hada que no existe —decía Dudote, completamente desajustado.

Recordé las instrucciones de Clarken. Me centré en mi yo espiritual. Allí no había problema alguno.

Una vez armonizado, me enfrenté a la dulce y alegre mirada azul.

—¿Y bien? —pregunté, esperando una explicación.

—"Cada cual vive en el universo que es capaz de imaginar" —dijo ella con una sonrisa encantadora.

—Quieres decir que eso... ¿lo imaginé?

—Igual que esto...

Mazazo, y de los fuertes.

Tuve que cerrar los ojos y volver a centrarme en el Jefe, de otro modo, creo que me hubiera vuelto loco.

—La realidad que vives la vas imaginando de instante en instante. Se vuelve real porque crees que lo es —dijo la dama extradimensional.

Mi intelecto no fue capaz de aceptar aquello, me alteré.

—Mis familiares y amigos no son imaginación mía, son reales, igual que esta pared —di unos golpes con los nudillos en el sólido muro—, esta sábana, estas manos —se las mostré extendidas hacia ella— y esta habitación.

Lo último que alcancé a ver fue una sonrisa y un movimiento de varita, la que dejó un haz de chispitas de luz parecido a la cola de un pequeño cometa.

Sudoroso y jadeante, me encontraba escalando a ciegas por entre unas rocas. Me rodeaba la negrura más espesa y absoluta. Sentí un olor desagradable, pronto descubrí que provenía de mi propio sudor, aunque yo no huelo así normalmente. Al tocar mi cuerpo sentí los pelos de mi piel, eran extremadamente largos e hirsutos, a pesar de que en realidad no son así. Tuve el vislumbre de encontrarme en una oquedad, en una caverna tal vez...

Llegué a lo más alto y extendí mis brazos intentando tocar algo, pero no había nada. Quise avanzar y casi pierdo el equilibrio porque había un agujero, una caída o un vacío junto a mí. Tanteando con precaución el terreno a mi alrededor con el pie desnudo, rocé una pequeña piedra, la que cayó, cayó y cayó... esperé durante largos instantes hasta que escuché muy débil su choque allá abajo, pero muy, muy abajo, sin golpear contra nada en su caída... ¡DEL INMENSO ABISMO NEGRO QUE ME RODEABA POR LOS CUATRO COSTADOS! Comprendí que me encontraba parado en la punta de un delgado y altísimo picacho de piedra al interior de una colosal caverna. Aquello era una pesadilla, un submundo, una realidad espantosa. Conejo me hizo considerar la idea de lanzarme al vacío para terminar con ese horror de una buena vez, pero un manotazo del Jefe, de mi yo espiritual, lo dejó fuera de combate, sabiendo que si le permitía ingresar con sus debilitantes temores en esa situación crítica, mis piernas fallarían y el vértigo o el terror me lanzarían al abismo.

Con los ojos cerrados, la espalda recta y el pecho levantado extendí mis brazos hacia ambos costados y me centré en la luz de mi propio ser interno, respirando pausada y profundamente.

"Todo está bien", me decía, procurando adquirir calma y confianza.

Comencé a visualizar la luz interior. Me sumergí en ella. Yo era todo luz, luz, LUZ...

Abrí los ojos.

—Mejor no lo hubieras hecho —se quejó Conejo, quien estaba de nuevo vigente, gracias a lo que vio: yo flotaba en el aire con los brazos extendidos, a unos mil metros de altura sobre un soleado paisaje verde claro...

Cerré los ojos buscando el refugio y la fuerza de mi Luz.

"Cualquier desarmonía mental y caerás como una bolsa de cemento", me dije, suponiendo que mi capacidad de flotar en el aire dependía de mi estabilidad interna.

—¿Fue ilusión, o cuando abriste los ojos me pareció ver que otras personas también flotaban en el aire? —me preguntó Curi, considerando la posibilidad de echar un vistazo nuevamente.

—¡No vayas a abrir los ojos! —exclamó asustado el señor miedo.

Dicen que la curiosidad es más poderosa que el temor. Es verdad.

Éramos unas doce personas las que nos deslizábamos cual águilas humanas por sobre los cautivantes paisajes del mundo de Ofir...

—Ofir existe, la ra ra, Ami existe, ru ri ru, todo existe, nada existe, ja, ji, jo...

El pobre Dudote murmuraba delirantes y deshilvanadas palabras entre tonadillas infantiles. Se le habían pelado todos los cables.

Sentí que yo, mi cuerpo, sonreía feliz y extasiado. Los otros individuos hacían lo mismo. Parecían estar en una suerte de trance místico que les permitía levitar a gran altitud.

"¿Cómo puedo sonreír tan tranquilo en una situación tan peligrosa?" Comprendí que, igual que en el caso de Miami, y en el del cavernícola de instantes atrás, mi mente habitaba en forma casi clandestina el cuerpo de alguien, pero pensé que no se trataba de Enrique Barrios esta vez. Ahora yo estaba en el cuerpo de un extraterrestre, porque aquel mundo no era la Tierra ni aquellos seres eran terrícolas.

—No hay razón para pre-ocuparse. Este señor extraterrestre sabrá arreglárselas para no caer —le dije a Conejo.

—No se puede estar seguro... jamás se puede estar seguro de nada —respondió éste con voz temblorosa.

—¡Esto es maravilloso! —exclamaba entre emocionados suspiros Bobi; claro, se le estaba dando su alimento principal: sueños hechos realidad.

—Auuuuaaaa, volar es normal, je, jo, je, sueño y realidad es lo mismo, todo es lo mismo... Caperucita, cuidado con la abuelita de Pedrito, auuuuaaaa, soy un pájaro volador, je, ji, jo...

Definitivamente, Dudote estaba en las últimas.

—¡Qué situación tan curiosa; qué bárbaro! —se regocijaba Curi, mirando sin disimulo a los demás seres aéreos.

Decidí quedarme quieto y dejar hacer al amigo volador, instalado en él como testigo imparcial, aprovechando la ocasión para contemplar un poco el mundo de Ofir, al que yo había creído producto de mi imaginación, a pesar de la opinión de algunas personas, quienes afirmaban que era real.

Aquello era idéntico a la descripción hecha en aquel libro: blancas construcciones semiesféricas se destacaban allá abajo, entre hermosos prados y caminos para transeúntes, mientras por aquí y por allá pasaban naves de distintas formas y tamaños, bajo un rojo sol cuatrocientas veces más grande que el nuestro...

"Qué extraño es habitar un cuerpo ajeno... ¿o será tal vez éste mi verdadero cuerpo, y el de Enrique es el ajeno?... ¿Cuál será mi verdadero cuerpo... éste o el de la Tierra?", me pregunté.

—"TU CUERPO SE EXTIENDE DESDE ADENTRO DE TU PIEL HASTA LAS GALAXIAS MÁS REMOTAS" —dijo una "Súper voz" dentro de mí.

—¡Oh, cielos; qué horror! —expresó quejumbrosamente Conejo.
—Pata tin, pata tan, todo es igual —cantaba con alegría trágica el señor duda.
—¡Arrodillémonos; es LA VOZ DE DIOS! —exclamó sobrecogido Bobi.
—¿Qui... quién eres? —pregunté.

—"UNA RAMA LE PREGUNTA AL ÁRBOL QUIÉN ERES..."

—¿Eres... Dios?

—"UNA SOLA CONCIENCIA EXISTE" —dijo la Voz.

—¿Dios? —volví a preguntar.

—"UNA SOLA CONCIENCIA EXISTE: TÚ."

Mazazo, mareo, revoltura de cables, oscuridad.
Abrí los ojos en mi habitación. Maravilla se estaba riendo de mí.
(—He descubierto algo espantoso, Enrique) —susurró a mi oído Conejo.
(—Dime).

(—Creo que Maravilla es un ser siniestro que quiere volverte loco...).

(—Mmmmm... ... ... podría ser... ... ...) —respondí, luego de meditar un poco en aquello.

—Es verdad; soy un ser maligno —dijo Maravilla mirándome con fijeza.

Me sentí indefenso como un pobre canarito entre las garras de un gato.

—¡Te lo dije, te lo dije; por fin se sacó la máscara de buena; oh, cielos; qué horror!

—Maligno para tus limitaciones, para tu ignorancia que te causa sufrimiento, para tus temores y dudas que te impiden realizar tus sueños más hermosos; maligno para tu olvido de tu naturaleza superior, oh, poderoso Mago dormido —expresó el hada como jugando o recitando una pieza de teatro, sin dejar su cautivante sonrisa y luminosidad.

Sentí que sus palabras encerraban una verdad muy elevada, demasiado elevada para mí tal vez. Comprendí que me proponía aceptar todo un sistema nuevo de ideas y creencias, algo terrible y doloroso, porque nada es más doloroso y terrible que dejar de lado nuestras creencias. Ellas constituyen el sólido fundamento de nuestra vida; en ellas basamos nuestros actos e ideales, por ellas vivimos y morimos.

—¡Cambiar de creencias es dejar de ser quien se era; es morir! —exclamé en forma de protesta.

—Naturalmente. Hay que morir para volver a nacer —expresó Maravilla observando la brillante punta de su varita.

—¡Quiere matarnos, Enrique, dile que se vaya y no vuelva nunca más!

La hermosa dama me miraba con serenidad y dulzura, pero sin dejar de divertirse a costillas mías.

—Por allá arriba... o abajo, qué sé yo, me dijeron que yo era una especie de dios, o algo por el estilo, y eso no lo puedo tolerar, NO LO PUEDO TOLERAR, no le voy a faltar a mi Dios, a mi Dios Amor.

—Se trata justamente de que no le faltes a tu Dios, de no tener dioses ajenos, eso es todo. Cumpliendo el Primer Mandamiento puedes realizar u obtener lo que quieras, todo lo que sueñes —me alentó Maravilla.

—... ¿Todo lo que yo quiera?... —una traza de entusiasmo asomó por ahí.

—¿Tu Dios es bueno o malo? —preguntó, sentándose a los pies de mi cama.

—Ah, Él es todo bondad y Amor; es el Amor mismo —respondí.

—¿Tienes algún sueño hermoso, Enrique? —le dije que sí.

—¿Cuál?

—Bueno, aparte de encontrar... ejem... a cierta persona...

—¿A tu alma gemela? —preguntó. Creo que enrojecí.

—Ejem, sí. Bueno, aparte de eso me gustaría ver algún día a este mundo viviendo en paz, sin fronteras ni armamentos, sin religiones inclusive, sin adoraciones a tales o cuales divinidades, salvo al Dios Amor, porque por esos motivos se hacen guerras y los seres humanos se dividen, separan, descalifican y agreden; sin otra religión que la práctica del Amor, y punto... pero tú debes saberlo, debes saber todo acerca de mí.

—¿Te gustaría cambiar las creencias de la humanidad? —me preguntó con un tono animado.

—No, no estoy tan loco. Eso no se puede, aunque me gustaría que sí se pudiese, porque si cambiaran sus creencias que dividen y generan violencia, por otras que lleven a la paz y a la unión, dejarían de matarse, y así mis descendientes podrían vivir sin la amenaza del holocausto nuclear, bioquímico o ecológico. Eso sería hermoso, pero es imposible. Nadie va a cambiar sus creencias.

—Claro, como no puedes cambiar las tuyas, piensas que los demás no podrán cambiar las suyas, es natural. "Cada cual vive en el universo que es capaz de imaginar" —sentenció con una sonrisa.

—¿Quieres decir que si yo puedo cambiar mis ideas la humanidad cambiará las suyas? Eso es absurdo.

—El universo no es rígido, Enrique; tu mente lo es...

Permanecí unos instantes en silencio pensando, analizando aquella extraña afirmación. Llegué a la conclusión de que era una especie de metáfora, pero no algo real.

—Espera un poco, Maravilla. Yo he escrito unos libros que muestran una visión mía de Dios, del universo, del sentido de la existencia, de todo. ¿Quieres decirme acaso que mi visión es errónea?

—Toda visión es verídica, porque cada cual vive en el universo que es capaz de imaginar... —sonreía como esperando que yo captase algún extraño resorte filosófico.

—No puedo aceptar eso, no puedo creer que todo sea tan relativo... yo creo que el Amor es Dios, eso es una verdad absoluta, ¿no?

—Sí, para ti...

—¿Y para ti?

—También, porque existo en TU UNIVERSO PERSONAL, el que está regido por el Dios Amor —manifestó.

(—Cuidado, Enrique, ella quiere volvernos locos.)

—No sé si te comprendo. Veamos. Para mí es necesario cooperar en la evolución de la humanidad. Yo creo que en el servicio a la humanidad, QUE SE ENCUENTRA EN PELIGRO DE EXTINCIÓN, está la llave de la evolución personal, de la salvación y del perfeccionamiento interior. Así lo expreso en mis libros y constituye una especie de centro de gravedad de todo lo que hago. Respóndeme si estoy en lo cierto. ¿Sí o no? —pregunté con terror a que me respondiese que no, porque en ese caso todo mi mundo interior se derrumbaría.

—¡No te pongas tan dramático! —expresó entre risas cristalinas.

—¡Pero la humanidad se encuentra al borde del abismo! —casi grité.

Se puso seria, me contempló desde la hermosa profundidad azul de su mirada y dijo:

—¿Tan malvado es tu Dios Amor?...

Mazazo.

CAPÍTULO 5

Maravilla desapareció, dejándome solo para meditar en todo lo que me había dicho.

"Claro, si Dios es Amor, no puede permitir la extinción de la humanidad... entonces, ¿qué demonios estoy haciendo al escribir mensajes de amor; para qué, si no hace falta?"

—Claro que hace falta —dijo Bobi— con más amor, el mundo sería más lindo.

—Y la gente no sería tan mala —manifestó Conejo.

—¡Pamplinas! —Dudote había hecho serias reflexiones y encontró una manera de estabilizarse interiormente.

—¿Por qué, Dudote?

—Qué sé yo, no creo en nada de eso.

—¿No crees en el amor, en el hada?

—No.

—Pero tú mismo la viste...

—Ilusionismo, sugestión, qué sé yo... puede que sea un invento de una raza espacial tecnológicamente más avanzada... una proyección, un halograma, holografía o como se llame. Creo que te están manipulando psicotrónicamente para que escribas pamplinas, para que la gente se descuide, crea en el amor, en que los extraterrestres son buenos, y cuando confiemos en ellos, zamp, nos comen.

—No seas ridículo —dije, tratando de disimular mi piel de gallina.

—Interesante teoría —manifestó Curi.

—Puede que Dudote tenga razón... ¡Oh cielos, qué horror!

—No sean canallas. ¡Pensar eso es sacrilegio, herejía! —exclamo Bobi.

—Qué herejía ni qué nada, yo no veo que en la naturaleza impere la ley del amor, sino la ley de la selva, el pez más grande se come al más chico, el que es fuerte sobrevive, el débil, afuera, se muere. La naturaleza no quiere debilidad, y amor es debilidad. Si los

tigres amaran a las gacelas, se morirían de hambre; si los países ricos amaran a los países pobres, se quedarían en la ruina. Las religiones hablan del amor, pero la naturaleza habla de fuerza, FUERZA. ÉSA es la Ley Fundamental del Universo, la FUERZA.
—¿No dijiste que era la Nada? Te contradices...
—No me contradigo; evoluciono. Esa proyección me hizo meditar. Te están manipulando para que contribuyas en la estupidización de la humanidad con la historia del amor, y después, ¡ZAMP!
—Ton... tonterías...
—Tontería es pensar que la evolución lleva hacia el amor, ESO es tontería. Los extraterrestres no deben tener más amor, sino más FUERZA, y en ella no existe la compasión, el plan de ayuda ni nada de eso.
—Si fueran malos ya nos habrían atacado mil veces —dije, simulando reír.
—Cuando cultivas tomates no les haces daño, ¿no?
—No.

—HASTA QUE CRECEN, ENTONCES TE LOS COMES TODOS...

Me estremecí, pero disimulé.
—¿Qué... quieres decir?
—¡Que nos están engordando; oh cielos, qué horror! —lloriqueó Conejo.
—Justamente —dijo Dudote en forma siniestra.
—Interesante... —manifestó Curi.
—¡Dios los va a castigar, blasfemos!
—¡A callarse todos! tengo que reflexionar.

Dudote había hecho mella en mí, era indudable; sus conclusiones me llevaron a un nivel interior bastante bajo, muy alejado de las alturas de la conciencia a las que Maravilla había querido aproximarme. Sospeché de ella y de todo. La teoría del Dios Fuerza no era fácilmente rebatible.
Pensando en ese tipo de cosas me fui quedando dormido.
Desperté sorprendido por el excesivo silencio que me rodeaba, aunque era lunes. La inclinación del sol que entraba por mi ventana me hizo comprender que ya no era tan temprano.

Miré mi reloj, decía que eran las nueve y cinco minutos de la mañana.

Yo no recordaba nada de lo sucedido a partir de antes del primer llamado de Clarken, pero no me di cuenta. Si me hubiera puesto a pensar en ello habría visto que no recordaba cuándo había ido a acostarme la noche anterior.

Al levantarme para ir al baño me pareció que la alfombra estaba demasiado llena de polvo.

—Por suerte ya está por llegar Coca. Con la aspiradora dejará esto reluciente —me dije.

Mientras me duchaba me pareció que el agua estaba sucia y maloliente, pero no le di importancia. Intenté idear alguna historia relacionada con Ami, con Pedrito, Vinka, los terri y los swama, pero no se me ocurrió nada.

Una vez vestido encendí el televisor para enterarme de las noticias. No pude, la electricidad estaba cortada.

Tampoco aparecía Coca, la señora que asea mi departamento y me prepara el desayuno los lunes, miércoles y viernes por las mañanas. Normalmente llegaba muy puntual a las nueve. Ya eran casi las diez y nada.

Recordé que el periódico debía estar en el lado de afuera de la puerta. Fui a buscarlo. No estaba. El pasillo a oscuras y lleno de polvo. Me pareció escuchar chillidos como de ratas. Cerré la puerta un poco asustado.

Algo muy extraño flotaba en la atmósfera, un silencio espeso, sin ruidos de motores lejanos, sólo algunos tristes cantos de pájaros y algún ladrido o aullido de perro; además hacía un frío anormal para ser verano.

Miré por la ventana. Todo se veía sucio y solitario, como si hubieran pasado meses de inactividad en la ciudad.

Tomé el teléfono para llamar a alguien. No tenía tono, estaba muerto.

Influido por negros presentimientos, mi corazón comenzó a acelerarse.

Decidí bajar a la calle.

Efectivamente, había algunas ratas en los pasillos oscuros. Ingenuamente quise ir a conversar con el señor del puesto de periódicos o con la viejita del almacén. Los negocios estaban cerrados. La calle, inusitadamente sucia y desierta, salvo por algunos perros que se acercaron a mí, alegres de verme, parecían vagabundos. Como normalmente no había perros por allí, excepto los de la cuadra, quise creer que se trataría de una canina damita en celo, con su corte de admiradores, pero no me tragué ese consuelo.

Volví a mirar mi reloj. Tal vez fuese demasiado temprano, pero ahora marcaba las diez y cuarto. Observé el sol, estaba muy alto. No había error en la hora.

Me fijé en la fecha. Indicaba veinte de abril.

¡¿Qué?!... Esto no puede ser... estamos a once de enero... este reloj debe andar mal... pero no, no debe andar mal... aquí pasaron meses, es verdad.

Corrí hacia una avenida cercana a mi quieta calle. Allí deberían estar los negocios, la gente, la vida...

Todo desierto, ningún automóvil en movimiento; todos detenidos, ninguna persona, sólo más perros, basura, muchos trapos, zapatos viejos, algunos gatos y una que otra rata...

—¿Qué demonios está pasando aquí?...

—Nada, debes estar soñando todavía —manifestó Dudote— esto es demasiado raro.

—Parece que se acabó el mundo mientras dormías... ¡Qué horror! —se quejaba Conejo.

—Esto es muy curioso, muy interesante; ¿que sucedió? —cavilaba Curi.

Toqué furiosamente los timbres de los vecinos mientras volvía a casa, pero como no había corriente, no sonaban. Me introduje en los jardines, reparé con espanto que en algunos de ellos, enrejados, había cadáveres de perros que parecían haber muerto de hambre. Golpeé puertas y ventanas. Nadie vino a abrir.

—Algo desastroso debió haber sucedido mientras estuve meses durmiendo, a juzgar por el reloj y el estado de abandono de la ciudad, y lo que ocurrió hizo salir huyendo a toda la gente... ¿pero cómo pude estar durmiendo durante meses?... Eso es imposible. ¿Dónde estará todo el mundo? ¿En la montaña, en el campo?...

Recordé que la radio de mi automóvil funcionaba con la batería, así que corrí hacia él para enterarme de lo que ocurría. Estaba estacionado cerca de mi edificio, muy sucio de polvo y hojas de árboles. Los demás estaban igual.

Sí, ha pasado mucho tiempo, porque ayer... bueno, lo que a mí me parece ser ayer, lo había hecho lavar. Busqué en todo el dial y en las dos bandas. Silencio mortal. Me costó bastante encender el motor para ir a dar un vistazo a la ciudad. Cuando lo conseguí, salí hacia Providencia, una de las avenidas principales de Santiago. Estaba sucia, llena de trapos y zapatos viejos, pero totalmente desierta, salvo por algunos perros, gatos y ratas. Vi automóviles abandonados con la puerta abierta, igual que ciertos negocios.

—¡Esto es espantoso; qué horror!

—¡Esto no tiene lógica, no es coherente, no es racional!...

—Esto me intriga sobremanera...

Avancé por Providencia hacia el centro a gran velocidad, pasando semáforos apagados sin encontrarme con señales de vida humana por ninguna parte.

Dejé el vehículo en el medio de la avenida Alameda, la principal de Santiago, al comienzo de una vía peatonal llena de grandes tiendas... vacías. Ingresé a una de varios pisos que tenía una puerta abierta. Recorrí sus dependencias. Toneladas de ropa a mi disposición, aparatos electrónicos, equipos de deportes, registradoras dejando ver billetes de los grandes, infaltables ratas por aquí y por allá. Aquello aumentaba mi angustia, esa terrible sensación de soledad, de fin de mundo...

Volví a la peatonal, ingresé a cafés vacíos, a un gran banco, a una joyería, mucho oro, pero lo importante, las personas, ninguna.

Desesperado y loco me puse a gritar frenéticamente cosas como:

—¿NO HAY ALGÚN SER HUMANO QUE ME ESCUCHE? ¡QUE APAREZCA ALGUIEN, POR FAVOOOOR!

Silencio sepulcral.

Hice sonar en forma estrepitosa la bocina de un automóvil abandonado, luego me detuve para esperar alguna respuesta.

Nada.

La desesperación comenzó a deformarme la realidad. Estaba llegando a pensar en los demás como en enemigos que despiadadamente se ocultaban de mí; entonces se me ocurrió una idea que los obligaría a reaccionar, a salir de sus escondites.

Me puse a buscar algún objeto contundente para quebrar vidrieras de las tiendas comerciales. Encontré un bate de beisbol hecho de metal en un almacén de deportes. Con él me dirigí hacia un ventanal lleno de televisores, equipos de video y toda esa clase de artefactos.

Acababa de hacer su aparición Gori, un yo mío heredado de las cavernas y bastante inactivo últimamente.

¡CRASH Y MIL VECES CRASH!

—Ahora sí que van a salir de sus covachas, je, je.
Silencio.
Mi desesperación en aumento fue activando más a Gori.

—SALGAN DE SUS ESCONDITES, RATAS SARNOSAS.

Silencio.

—Alguien tiene que aparecer para explicarme qué demonios está sucediendo aquí, no les bastó con los destrozos que hice, quieren algo peor y lo tendrán, no me importa caer preso después, prefiero estar en la cárcel, pero junto a seres humanos, en lugar de solitario en esta ciudad muerta.

Divisé un gran camión abandonado...

Minutos más tarde, en medio del ruido infernal de los destrozos más horrendos, al volante del vehículo arrasaba quioscos, cabinas de teléfono y fuentes de agua. Reventé vidrieras con todo su contenido, saltaban los maniquíes, los refrigeradores, las joyas y los juguetes.

Cuando la vía peatonal quedó como si un huracán hubiese pasado por ella, detuve el camión, me subí al techo de la cabina y me puse a esperar lo que viniese, sentado en la serena posición del loto.

Pero nadie llegó...

Con un sentimiento de fría desolación en el alma y la confusión más terrible en mi cabeza, descendí del camión y me puse a caminar sin rumbo por aquel desierto repleto de objetos y animales sin dueño.

Mi mente, retrotraída a sus niveles más primitivos debido a tan desestructurante situación, comprendiendo que la violencia no había dado resultado, quiso buscar otra manifestación primaria: el llanto, casi cedo al impulso de lanzarme a correr por las calles gritando "MAMÁ", entonces apareció el Jefe, mi yo espiritual. Supe que había llegado el momento de "detener el mundo" y centrarme en mi propio ser.

En un escalón a la entrada de un banco me senté a meditar. La respiración pausada y consciente fue poco a poco aquietando todo el bullir de mi cabeza.

En pocos minutos recuperé la serenidad y comencé a analizar la situación.

"¿Por qué faltan tres meses en mi recuerdo? ¿Dónde estuve en ese tiempo? ¿Habrá sucedido algo tan espantoso que me provocó amnesia? ¿Pero por qué no hay nadie más que yo en la ciudad? No hay ninguna respuesta coherente. No importa, serenidad, amigo Enrique, sigamos analizando. Faltan tres meses en mi memoria... ¡Los periódicos! Sí, allí debe estar la información que me falta."

Recordé haber arrasado un quiosco lleno de diarios y revistas. Corrí hacia él. En el suelo vi uno de fecha 16 de enero de 1988. Un gran titular en letras rojas me pareció el epitafio de una lápida mortal:

"EXTRATERRESTRES DEVORADORES ANUNCIAN QUE MAÑANA ABSORBERÁN TODA LA VIDA HUMANA DEL PLANETA".

No necesité saber más, en una fracción de segundo comprendí lo que había sucedido. Lo creí de inmediato porque aquélla era la única explicación lógica, a pesar de lo extraña, a lo que ocurría. Las piernas se me doblaron, caí sobre las revistas, tuve que centrarme nuevamente en mi ser interno hasta calmarme. Retomé la lectura de aquel periódico. Una foto de media página, en colores, mostraba una verdadera invasión de naves espaciales luminosas estacionarias sobre la ciudad.

Recorrí las páginas, allí no se mencionaba ningún otro tema, ni siquiera aparecían anuncios comerciales. Todo se refería a la catástrofe final de la historia de la humanidad: la invasión de los extraterrestres devoradores. El Papa exhortaba a la oración, los presidentes y jefes de las potencias mundiales... también. Nada podía hacerse contra ellos.

Se mostraba allí el mensaje definitivo del comandante de las fuerzas alienígenas:

"LA LEY DE LA VIDA ES ABSORBER A LOS ORGANISMOS MÁS DÉBILES Y NUTRIRSE DE ELLOS. COMO ES ARRIBA ES ABAJO. COMO USTEDES HACEN, NOSOTROS HACEMOS. ÉSA ES LA LEY UNIVERSAL. AHORA LES TOCA A USTEDES SERVIRNOS DE ALIMENTO. TENEMOS DERECHOS SOBRE USTEDES PORQUE LES ESTUVIMOS CRIANDO DURANTE MILENIOS. ESPERÁBAMOS QUE HUBIESEN MADURADO MÁS, QUE FUESEN MENOS VIOLENTOS, MENOS CONTAMINADOS, POR ESO FOMENTAMOS RELIGIONES Y MENSAJES TELEPÁTICOS QUE HABLABAN DE AMOR, ASÍ VUESTROS ORGANISMOS HABRÍAN RESULTADO DE MAYOR PUREZA NUTRICIONAL. PERO NO PODEMOS ESPERAR MÁS PORQUE VUESTRO PODER DESTRUCTIVO ES DEMASIADO ALTO YA. NUESTRA INVERSIÓN ESTÁ EN PELIGRO DEBIDO A VUESTRAS GUERRAS. NO HEMOS CONSEGUIDO PACIFICARLES MÁS, ASI QUE PROCEDEREMOS DE INMEDIATO. TAL VEZ EN EL FUTURO NOS TOQUE A NOSOTROS ALIMENTAR A UNA ESPECIE MÁS PODEROSA QUE PUEDE HABER ESTADO CRIÁNDONOS. ESO NO LO SABEMOS, PERO NADA PUEDE HACERSE EN CONTRA DE LAS LEYES NATURALES. MAÑANA ABSORBEREMOS TODA LA VIDA HUMANA DEL PLANETA MEDIANTE UN SISTEMA QUE NOS PERMITE DISGREGAR MOLECULARMENTE LOS CUERPOS HUMANOS. DEJAREMOS ALGUNOS ESPECÍMENES PARA QUE RECOMIENCEN LA CRIANZA QUE VENDREMOS A COSECHAR DENTRO DE ALGUNOS MILENIOS. QUE VUESTRAS ALMAS DESCANSEN EN PAZ, SI ES QUE EXISTE ALGO MÁS QUE EL CUERPO MATERIAL. ESO ES ALGO QUE TAMPOCO SABEMOS, AUNQUE NOS CONVENÍA QUE USTEDES SÍ LO CREYESEN".

Mis convicciones religiosas estallaron en pedazos, como las vidrieras bajo el embate del camión, se me doblaron las piernas nuevamente, tuve que sentarme en el suelo a meditar, a serenarme, pero no lo logré del todo porque mis ideas bullían. Comprendí que yo había estado equivocado al pensar que Dios era Amor, igual como se equivocaron los cristianos y, en el fondo, todas las variantes religiosas importantes.

¿Quién había estado engañándonos durante tantos siglos? Claro, "ellos"...

El famoso Plan Evolutivo acerca del que yo tanto escribí, no era más que un "plan de engorda" que había durado milenios. Con razón en la Biblia había tanta relación entre los "ángeles" y la formación de las religiones. El "rapto" de Enoc, y Elías, llevado al cielo por "carros de fuego", y vuelve a aparecer siglos más tarde junto con Moisés en una "nube luminosa" ante Jesús...

Entonces Jesús fue engañado, manipulado telepáticamente tal vez, igual que yo y tantos miles que recibíamos "mensajes de Amor".

Y Ami, diciendo que no existen los extraterrestres malvados en el universo regido por el Amor...

¡Señuelo! Me habían manipulado miserablemente en forma telepática... y en pago por mis torpes servicios me habían dejado vivo para recomenzar la "engorda", manifestando así su agradecimiento a su estupidizado e involuntario secuaz del genocidio de toda la humanidad...

Pensé que los "especímenes" sobrevivientes mencionados por el comandante caníbal serían otros atontados "servidores", "misioneros"; otros difusores de la "bondad" y del "Amor" provenientes de nuestros "hermanitos mayores"...

No, no era ni siquiera agradecimiento a los secuaces, sino la necesidad de recomenzar la cría de ganado humano a partir de especímenes de probada estupidez e ingenuidad, portadores de "genes imbéciles" capaces de albergar la hermosa mentira de un Dios que es todo Amor, a pesar de todas las evidencias en contra, como la ley de la selva y todo el sistema natural de sobrevivencia del más grande y más fuerte por sobre el débil, desde los microbios, pasando por los peces, hasta las sociedades y países, que estructuran sus sistemas internacionales de acuerdo con esa misma ley del más fuerte.

Se me hizo pedazos el Dios Amor, fue sustituido por el Dios Fuerza, verdadero Rector del universo real y tangible, Creador de las leyes universales y naturales, la de la selva entre otras.

¿Dónde quedó tu Amor que mueve a los mundos y a las estrellas, ingenuo Dante? Éste era tu famoso "Banquete", amigo

Platón, el que se acaban de dar los representantes de una humanidad sin Amor... También ustedes fueron engañados, como Krishna, como Fromm y todos los fieles de todos los credos de la ex humanidad.

Lloré lágrimas amargas mientras un par de perros me lamían las manos. Mi humanidad había muerto, igual que mi Dios...

Me sentí como un extranjero en un universo que no era el mío, como un cautivo en una Babilonia cósmica infinita, sin límites.

Deambulé por las calles caminando cual zombi por un cementerio más patético y desolado que un verdadero camposanto, porque en éste ni siquiera quedaban osamentas, sólo esos restos de ropa, esos zapatos que usaban en el momento de su muerte tantos seres humanos.

¿Fue Jehová un extraterrestre? Sí, nos enseñó de amor para que su ganado no se matara entre sí, para evitar pérdidas de patrimonio en la inversión de capital, un amor que no era más que un bozal para las fieras comestibles, una enseñanza espiritual equivalente a la de los ganaderos que no utilizan alambres de púas, sino lisos, ¿para proteger al ganado? Sí, para que no se dañe el cuero y no aparezcan esas rayas que le hacen perder valor en el mercado...

"Si matas a tu hermano me enfureceré contigo. Yo, Jehová."

Claro, igual que un ganadero con un toro que le mata a otro animal...

¿Por qué no intervinieron directamente y nos esclavizaron sin disimulo desde mucho antes? Yo mismo imaginaba las siniestras respuestas: "Si se hubieran dado cuenta de que esto era 'engorda' se habrían debilitado, desilusionado de la vida, tal vez no hubieran sobrevivido. Bastaba con hablarles de amor y engordaban solitos, je, je".

Durante todo el día me dediqué a rumiar odio, Gori tuvo bastante trabajo. Fui a casa y tiré por la ventana los libros y folletos que mencionaban a los seres extraterrestres, los libros que yo mismo había escrito inclusive. Cuando podía entrar a una librería y veía ese material mentiroso lo tiraba a la calle y hacía una hoguera con él.

Pero poco a poco me fui calmando, aceptando el asunto.

Es curiosa la capacidad de adaptación del ser humano. Mi Dios había muerto, igual que mi humanidad entera, pero yo continuaba apegado a la vida. Cinco mil millones de personas habían sido devoradas por los extraterrestres, y yo, que afirmaba vivir para servir a la humanidad, ni siquiera soñaba con pegarme un tiro o algo semejante. Quería vivir.

¿Vivir para qué? Ver a mis amigos, familiares... oh, seguramente ya no están. ¿Vivir para qué entonces? Para respirar, en fin, para vivir... Comprendí que el apego a la vida no necesita explicaciones, es algo automático.

"Injertado en tus genes por nosotros", imaginé escuchar, pero no me importó.

Encontré un Mercedes blanco y moderno y decidí que sería mi automóvil definitivo. ¿Para qué un auto barato, si son gratuitos? Me dirigí hacia la costa en busca de unos familiares que allí vivían... si es que habían sobrevivido, pero como ellos no creían en la bondad de los extraterrestres... difícil. Plenamente consciente de que lo más probable era que no estuviesen, me preparé en forma interna para no derrumbarme si así resultaba ser. La vida debía continuar, con sus penas guardadas en el bolsillo del corazón, pero debía continuar.

Encontré agradable el aire puro que me acariciaba el rostro en la carretera despejada de vehículos, pero salpicada por aquí y por allá de algunas vacas, cabras, gallinas, cerdos, perros y caballos fuera de lugar.

Pensé que la vida buscaría su nuevo equilibrio ecológico.

—Hasta que aparezca el hombre de nuevo... —manifestó Payasín, y le encontré razón.

Llegué a la estación de peaje y me pareció fabuloso poder pasar sin pagar... entonces comprendí que había en mí un yo niño, como esos que vi en una foto de la revista Life, que jugaban con un aro de hierro y un palito entre los restos humeantes y los cadáveres de una ciudad arrasada por las bombas, sonrientes bajo un cielo ennegrecido, como si estuviesen jugando en medio de jardines y flores.

La vida se sobrepone a la muerte.

No había nadie en la playa. No estaban.

CAPÍTULO 6

Instalado en una cabaña de la costa, sobreviviendo de alimentos enlatados que extraía de supermercados no invadidos por ratas y de algunos vegetales frescos de granjas cercanas, luego de unos días de pena, reflexión y honda soledad, más adaptado ya al nuevo e inevitable estado de cosas, sentí una necesidad tremenda de encontrarme con los otros sobrevivientes, que tendría que haberlos, así lo había dicho el comandante devorador, porque sólo así podría iniciarse una nueva "engorda", pero ¿dónde estaban? ¿cuántos seríamos? Decidí tomar el Mercedes y lanzarme a la búsqueda.

En Santiago y las principales ciudades del centro del país no había nadie más que yo, como pude comprobar luego de recorrerlas por todos sus rincones provisto de altavoces muy sonoros en el techo, conectados a un sistema de reproducción de casetes.

En todas las calles de esas ciudades se escuchó la Novena Sinfonía de Beethoven, en especial el inicio del cuarto movimiento, la "Canción de la Alegría", pero nadie acudió al llamado del moderno flautista de Hamelin. Los "gatos" habían despachado al rebaño.

Resultaba evidente entonces que los extraterrestres habían dejado en lugares muy distantes entre sí a los sobrevivientes, y que así como yo buscaba el encuentro, ellos harían lo mismo, porque la tendencia a relacionarse con otros individuos es algo instintivo en las especies gregarias como la nuestra. Las ganas de matarse vienen después...

Decidí iniciar una búsqueda de comunicación radial en onda corta, aunque no sabía nada en esa materia, pero ya me las arreglaría.

Me puse a buscar una casa grande que tuviese antena de radio y generador de electricidad, y que además tuviese agua de pozo, porque la de las cañerías ya no estaba buena, sólo para bañarse, por lo que mi bebida principal era el agua mineral embotellada y gaseosas.

Conseguí la casa sin demasiado esfuerzo en las afueras. Eché a andar el motor del generador y la luz se hizo. Encontré maravilloso poder contar nuevamente con luz eléctrica. El motor de la bomba también funcionó. Ahora tenía agua realmente pura. Más me costó comprender el sistema del equipo de radio, pero los catálogos fueron de gran ayuda: en pocos días ya dominaba el asunto.

Me instalé en esa casa. Cotidianamente buscaba señales de vida por todas las bandas posibles, pero sólo escuché algunos radiofaros que funcionaban automáticamente, a los que todavía no se les habían agotado las baterías.

Después me dediqué a transmitir mensajes como éste: "Mi nombre es Enrique, me encuentro solo en la ciudad de Santiago de Chile. Si alguien me escucha, que intente comunicarse por esta frecuencia".

También los irradiaba en inglés, francés, italiano y portugués, idiomas que aprendí en mis correrías juveniles por el mundo, con una mochila en la espalda, ingeniándomelas para sobrevivir.

Por las noches dejaba una cinta grabada frente al micrófono en un equipo para casetes con retorno automático.

Como deseaba pasar el mayor tiempo posible buscando y transmitiendo mensajes radiales, nunca pude disfrutar de una buena comida caliente, a pesar de que hubiese podido hacerlo, porque disponía de millones de latas esparcidas por los supermercados y almacenes de la ciudad, además de legumbres, pastas y hasta algunos embutidos colgantes, a los que los animales no habían podido todavía llegar.

De vez en cuando salía hacia las granjas cercanas y volvía con una buena provisión de frutas y otros vegetales frescos, los ponía en el refrigerador, comía algo a la rápida y volvía a la sala de radio, en la que también dormía, sobre un sofá.

Las noches, debo reconocerlo, eran el dominio de Conejo. La ciudad oscura allá a lo lejos, con sus construcciones apagadas que semejaban mausoleos me causaba horror, por eso me retiraba temprano a casa, me aseguraba de cerrar herméticamente puertas y ventanas —costumbre atávica que no me podía impedir, aunque reconociese que era absurda— encendía todas las luces, ponía música de fondo o alguna película en el video para darme la sensación de vida y compañía, y continuaba manipulando la radio.

Me hice de tres amigos a los que bauticé como Hugo, Paco y Luis. El primero era un perro ovejero que andaba deambulando por la calle con un collar en el que aparecía su nombre. Hicimos muy buena amistad. Otro era un perrito de mala raza, pero como tenía una mirada inteligente, fiel y sana, lo adopté y le puse Paco, para seguir con la serie. Luis era el gato de la casa, estaba allí desde antes. Lo encontré medio muerto de hambre o de pena, escondido bajo unos muebles. Poco a poco me fui ganando su amistad, a fuerza de pedacitos de jamón. Después dormía siempre a mis pies, sobre el sillón. Hugo en el piso y Paco en el jardín, para cuidar la retaguardia avisando con sus ladridos agudos la presencia del "enemigo"... que no pasaría de ser otro perro, un caballo, una rata o un gato, yo lo sabía, pero en la oscuridad de la noche me inquietaba. Creo que mi temor más grande era hacia los extraterrestres, porque existían y no eran buenos, como ya estaba comprobado.

También se preguntaba Conejo si las almas de los difuntos no andarían por ahí rondando... Eran millones y millones...

Por fortuna, los surtidores de gasolina estaban repletos en las estaciones de servicio, tenía asegurada energía eléctrica mientras el combustible no se desvaneciese, lo mismo con la calefacción, que era a gas envasado. El agua salía pura del pozo, los supermercados llenos, no había problema, excepto por la soledad, claro.

A veces soñaba que un gran amor venía a mi vida, a aliviar mi soledad terrible; entonces era feliz, pero en esa misma medida era infeliz al despertar. Cuando eso sucedía, me daba por escribir algún cuento. De esa etapa proviene cierto material de un libro mío que se editó años después: "Almas gemelas"...

No lavaba mi ropa, me bastaba con desempacar una camisa o un pantalón nuevo. Tenía a mi alcance más prendas de vestir que las que hubiera podido usar en toda la vida.

Pasaban días, semanas, más de un mes ya pegado a la radio.

¿Algún contacto? Nada.

¿No habrían cometido algún error los extraterrestres y se olvidaron de dejar a alguien más en el mundo? Difícil. Lo más probable era que hubiesen dejado a personas incapaces de echar a andar un generador y un transmisor de radio.

Poco a poco fui perdiendo la esperanza de algún contacto con otro ser humano, comencé a alejarme del equipo y de ese patio lleno de mausoleos muertos que era la ciudad cercana, para aproximarme más al campo, cada vez más cerca de la aceptación de la idea de pasar solitario el resto de mi vida, y si eso iba a ser así, prefería el contacto con la naturaleza.

Inicié entonces la búsqueda de una casa de campo que fuese cómoda, moderna y que tuviese equipo de radio, generador de electricidad y bomba eléctrica para el pozo del agua. En unos faldeos cordilleranos, un poco hacia el Sur, la encontré. Estaba junto a una vertiente. Desde sus amplios ventanales se dominaba todo un gran valle.

Con Hugo, Paco y Luis comprendimos de inmediato que había mejores vibraciones en ese lugar que en la ciudad, menos temor nocturno, menos ratas, gatos y perros y nada de ropa de muertos, así que comenzamos a vivir con un poco más de alegría.

Digo "comprendimos" porque yo les hablaba a los animales, tal vez para disimular la soledad, imaginaba que ellos me respondían y que todo lo conversábamos en conjunto, sin que faltasen Conejo, Curi, Dudote ni Payasín. Gori ya no hacía falta, y Bobi estaba retirado, avergonzado, desde aquel fatídico despertar.

Instalé un gallinero, aprovechando varias aves sueltas, para disponer de huevos frescos, porque los que había en los almacenes ya no estaban buenos.

Y así, poco a poco me fui adaptando a la nueva vida, al nuevo universo regido por el Dios Fuerza, en el que yo me consideraba portador de taras de nacimiento, como mi tendencia hacia la bondad, la honestidad, la paz y el afecto, pero, tarado y todo, ya no podía cambiar. Nunca fui capaz de sacrificar una vaca, oveja o cabra, a pesar de que hubiera disfrutado de un buen asado... siempre que no hubiese sido yo el victimario, claro.

Una vez me armé de coraje y, pálido de impresión, le estiré el pescuezo a Ramona, una gallina más bien gordita. Agonizó un poco aleteando mientras yo sudaba frío. Fui testigo de sus últimos estertores mortales. Tomé el cadáver, lo eché en agua hirviendo, lo retiré y le fui sacando las plumas a tirones. Cada una de ellas parecía dolerme a mí mismo. Cuando quedó pelada me armé de un cuchillo y procedí a hacerle la autopsia abriéndole el vientre. Aparecieron malolientes metros de tripas y vísceras que extraje con gran asco. También tuve que cortarle el cuello para no mirar más el rostro de Ramona hecha cadáver, la que parecía gritarme "ASESINO". Del mismo modo le amputé ambas patas, verdaderas manos delgadas con uñas como de mujer.

Ramona quedó convertida en un "pollo", de esos de los supermercados, que como no tienen cabeza ni plumas ni tripas ni manos ya no hacen recordar al ser consciente que habitó ese cuerpo. Pero para mí ese "pollo" seguía siendo la gallinita de cuerpo tibio que atrapé en el gallinero y que con ternura de verdugo hipócrita llevé hacia la cocina, hacia el patíbulo.

La descuarticé y la puse a hervir hasta que quedó blanda, le agregué papas, cebolla, zanahoria y condimentos, pero no me atreví a probar para ver si le faltaba sal o algo más.

Cuando la... comida... estuvo lista, me serví un plato de caldo. La primera cucharada me revolvió el estómago... "jugo de criatura consciente, de Ramona asesinada"... No.

Les serví el macabro guiso a los perros y me quedé hasta la noche en un sillón, ante el ventanal, contemplando el hermoso paisaje, sin comprender los apetitos culinarios de los extraterrestres devoradores de seres humanos, alegrándome de pertenecer a una especie inferior.

Uno de esos días, casi jugando con el equipo de radio escuché algo que me paró los pelos: ¡una voz humana! Bendije a Dios (las creencias se quedan pegadas en algún sector inconsciente y automático de la mente, por eso resulta tan difícil cambiarlas DE VERDAD) por haberme hecho aprender inglés, porque una voz femenina se expresaba en ese idioma.

Decía estar transmitiendo desde las cercanías de Halifax, Canadá, llamarse Mary Francis y estar buscando comunicación con algún ser humano.

La vida recomenzaba, la tristeza llegaba a su fin. De inmediato dejé de sentirme solitario, porque de ahora en adelante yo sabía que en el mundo había "alguien" con quien compartir la vida, aunque sólo fuese mediante un contacto radial, y no me importaba si se trataba de una persona gorda o flaca, enana o gigantesca, amarilla, blanca o negra, vieja o joven. Era un ser humano, con eso me bastaba, aunque no estuviésemos cerca físicamente.

Poco después de que terminaron sus sorprendidas, alegres y efusivas exclamaciones de alegría al escuchar mi respuesta, entablamos un regocijante diálogo inalámbrico. Así comenzamos a conocernos.

Dijo que hasta antes del funesto domingo 17 de enero de 1988, ella se dedicaba a dirigir una agrupación que fomentaba el estudio de temáticas relacionadas con los extraterrestres para entregarlas a los niños. Es decir, era un poco colega mía.

Claro, mi teoría se confirmaba, los "hermanitos mayores" habían dejado Adanes y Evas portadores de una buena cantidad de "genes imbéciles"...

Ella conocía a "Ami" gracias a una traducción particular al idioma inglés que circulaba por ese tipo de agrupaciones en varios países, dijo que era una ayuda inapreciable para propósitos pedagógicos y se alegró mucho al saber que yo era el autor. Me contó que cuando lo leyó quedó gratamente impresionada y que tuvo el impulso de escribirme. No lo hizo porque sintió que no era necesario, que estábamos unidos en otro plano de existencia, al igual que con tantas y tantos... ¡Bobis!

Al principio nos alegramos de estar lejos, eso facilitaba nuestra decisión de no prestarnos para dar origen a una nueva "engorda"; sin embargo, no podíamos entender por qué habían elegido personas separadas por una distancia tan terrible, teniendo en cuenta que ni ella ni yo sabíamos conducir barcos o aviones, ni pensar en automóvil, porque en Centroamérica la selva, los aluviones y los ríos se comen las carreteras constantemente, razón por la que se deben hacer algunos trayectos llevando el automóvil en un barco.

Conversábamos diariamente, a toda hora, siempre que las condiciones radioeléctricas atmosféricas lo permitiesen; se nos hizo una necesidad, un hábito, una dependencia tal vez. Me gustaba su voz cálida, serena y dulce, me encantaba que no fuese como yo en varios sentidos; por ejemplo, todavía conservaba sus libros acerca de espiritualidad y también acerca de los extraterrestres, "Ami" inclusive, con lo que demostraba ser más fiel aun que su propio autor. Ella no era capaz de albergar odio, ni siquiera hacia los devoradores. Ese rasgo suyo, tan inexplicable para mí, me contrariaba bastante, pero creo que secretamente la admiraba justamente por eso, a pesar de saber que el amor era una tontería... Ya dije que las creencias se quedan pegadas, aunque sepamos después que eran erróneas. Yo continuaba siendo inconscientemente partidario del amor, y admirador de quienes me superaban en esa materia.

Después de la catástrofe, no se dedicó a buscar comunicación con otros sobrevivientes, como sí lo hice yo. Lo que ella primero comprendió fue que no podía estar un día más en una ciudad muerta y se propuso instalarse a vivir de la manera que le resultase más grata al alma. Consiguió una casa parecida a la que yo había elegido, lejos de la ciudad, pero desde el principio ocupó su tiempo en decorarla a su manera. Se rodeó de plantas de su agrado, sembró una pequeña huerta y dedicaba gran parte de su tiempo a la cocina, a la elaboración de platillos de su preferencia que ella compartía con varios gatos y perros (mientras yo sólo consumía basura enlatada). Fue bastante después que comenzó a dolerle la soledad y a interesarse por buscar la manera de comunicarse con alguien, justamente cuando yo abandonaba esa idea y partía al campo a iniciar mejor vida.

Hurgó en las abandonadas librerías de Halifax en busca de manuales y libros que enseñasen acerca de la radiotransmisión desde el comienzo. Así terminó por conocer la materia mucho más a fondo que yo, que me fui directamente a la práctica, al cómo operar un equipo en especial, mientras que ella había aprendido a elegir el más adecuado para sus propósitos, a seleccionar la antena más conveniente inclusive, consideraciones que tuvo en cuenta en el momento de buscar una casa apropiada. Por todo ello, sólo ahora abordaba el intento de establecer comunicación, lo que consiguió muy rápido, mientras que yo gasté varias semanas en vano; por otro lado, como eligió un mejor equipo, su voz me llegaba como un cañón; en cambio yo tenía que hablar fuerte para que me escuchase bien.

Lo que más me impresionó en ella fue que no había abandonado la tendencia a inclinarse hacia un Dios de Amor, y no como yo, que tal vez inconscientemente me sentía atraído hacia esa manera de ver las cosas, aunque conscientemente la considerase una tontería y la rechazase; pero ella continuaba siendo incondicional de un Dios de Amor.

Un día en especial tuvimos un largo diálogo al respecto.

—No seas absurda, Mary Francis; ahí tienes a seres superiores a nosotros, por lo tanto, más cercanos a Dios... devorándonos...

—Para mí, no son superiores a nosotros, aunque estén más avanzados tecnológicamente —afirmó.

—Pero si hasta crearon ellos nuestra especie, y si provenimos de ellos no pueden ser inferiores a nosotros; son como padres nuestros...

—Eso no quiere decir nada, Enrique, no siempre los padres son más evolucionados que los hijos. ¿Te parece que unos caníbales puedan ser superiores a nosotros?

—De acuerdo a nuestros conceptos religiosos y morales, no; pero si observamos la naturaleza, entonces sí, y la naturaleza es más real que nuestros conceptos, creo yo.

—Bueno, está bien, Enrique, está bien. Puede que tus argumentos sean muy lógicos, y en cierta forma los comparto. Sé que Ami se equivocó al decir que sólo hay extraterrestres avanzados buenos. Tú te equivocaste. Yo no, yo acepté la posibilidad de la existencia de dos tipos de extraterrestres, los buenos y los malos, igual que los terrícolas, "como es arriba es abajo"; pero íntimamente quiero pensar que el universo está regido por un Dios de Amor. Es algo que no puedo cambiar, aunque sé positivamente que estoy equivocada, pero es más fuerte que yo.

—¿Algo así como ser incondicional de un cuadro de fútbol o de una bandera?

—Puede ser, aunque mi cuadro vaya último o pierda la guerra mi bandera.

—Bueno, está bien, es tu forma de ver las cosas. Se parece mucho a la mía, sólo que cuando yo vi que mi equipo no era el mejor, lo abandoné; aunque todavía le guardo una simpatía inconsciente, pero sé que es absurdo... ¿Así que creías en los extraterrestres negativos?...

—Aceptaba la posibilidad, ¿y tú?

—Bueno, cuando escribí Ami, yo no sabía nada acerca de los extraterrestres en general, ni me motivaba demasiado el te-

ma. Me interesaba, eso sí, transmitir conceptos espirituales universalistas y se me ocurrió utilizar a un niño de otro mundo; bien pude haber recurrido a un duende o a un hada, pero los ET estaban más de moda; llamaban más la atención, además hubo un avistamiento colectivo en aquellos días. Eso fue lo que me detonó... y escribí lo que sentí, claro, "ellos" lo prepararon todo y me dictaban... Pero más adelante fui tomando contacto con literatura bastante siniestra al respecto y llegué a dudar... Hice bien...
—... Sí...

Un largo y melancólico silencio nos envolvió, sólo escuchábamos los suaves y habituales crepitares en los audífonos, producto tal vez de los vientos solares, pero ambos sabíamos que estábamos allí a oscuras, sin poder comprender los ocultos resortes de la existencia.
—¿Sabes, Mary Francis? —dije mucho después.
—¿Qué?
—Es bueno que existas, siento que te quiero mucho.
—Estaba pensando en lo mismo —expresó denotando alegre emoción— justo iba a agradecerte por... bueno, ahora lo hago: gracias por compartir mi vida, Enrique; gracias por estar, gracias por ser.
Sentí una imperiosa necesidad de abrazarla, pero no había nada frente a mí, aquel vacío me dolió. Nuevamente un largo silencio se hizo presente, hasta que ella dijo:
—¿Sabías que soy negra?
—No... ahora que lo pienso... jamás pensé en tu apariencia física... ¿Hay negros en Halifax?
—¡Miles! —rió—. No me digas que no lo sabías...
—Realmente, no. Estuve en Canadá justo en tu provincia, Nova Scotia, en 1966, pero en un pequeño puerto llamado Sidney; allí mi barco descargaba hierro de Brasil y cargaba carbón canadiense, o viceversa. Creo no haber visto muchos negros allí, no recuerdo bien.
—Pero en Halifax hay más... ¿te molesta que yo sea negra?
—Me importa que existas, y no de qué color te pintaron al nacer. Siento que te quiero mucho, eso es todo.

—Eso quiere decir que no eres racista, qué bueno.
—Un momento. Sí que soy racista.
—No comprendo...
—Hay una raza a la que detesto.
—¿A los indios tal vez? Por allá hay muchos...
—No, a los indios los amo... bueno, cuando existían. A los que odio es a los devoradores extraterrestres.

Su risa transparente me hizo alegrar.

—No soy negra, Enrique, era una broma.
—¿Ah, no? En cambio yo sí, naturalmente, como la mayoría en América Latina —mentí—. ¿Te molesta?
—¿Estás bromeando? No soy racista; es más, hay dos tipos de personas a las que odio. Una son los racistas.
—¿Y la otra?
—Los gitanos...

Después de reír un poco le dije que me gustaba su sentido del humor, y le conté que yo no era negro.

—Bueno —dijo— nadie es perfecto.

CAPÍTULO 7

Mary Francis era encantadora, inteligente y divertida, pero además era espiritual, combinación que no suele abundar. En pocos días llegué a quererla mucho, no sólo porque era la única mujer del mundo, aparentemente, sino porque además había mucha afinidad entre nosotros. Bien pudo haberme tocado una compañera sin diálogo; o su opuesto, una de esas que no paran de hablar, o una chica sin imaginación, con lo que habría sido incapaz de instalar la radio. También pudo haberme tocado una mujer tan desencantada como yo de Dios, con lo que nuestras conversaciones habrían sido una amarga queja; pero no, ella era perfecta para mí.

Tontos no son los devoradores, pensaba; deben elegir por computadora las cruzas más favorables...

Así y todo, estaba contento con el trabajo de "Celestina" de los extraterrestres malvados.

Ella se las arregló para conversar conmigo desde cualquier lugar de su casa mediante un micrófono-audífono inalámbrico que sustrajo... retiró de una casa de equipos electrónicos, con lo que me dejó sorprendido. A mí no se me hubiera ocurrido, por desconocer a fondo el tema de las comunicaciones radiales. Su genial idea le permitía comunicarse mientras preparaba sus platos y pasteles. Era una enamorada de la cocina, además...

Dicen que el corazón del hombre se conquista por el estómago. Estoy seguro de que no basta con eso, pero me estaba saliendo una especie de caspa muy fina en la piel, y yo sabía que ello se debía al exceso de alimentos enlatados que estaba consumiendo, y como paciencia para cocinar no tengo, cada día iba creciendo en mí la intención de ir al aeropuerto y echarle un vistazo a los aviones y a los manuales...

Pero no se trataba sólo del estómago. De pronto me parecía absurdo no poder tener a Mary Francis a mi lado todo el día. Creo que ya estaba definitivamente enamorado, a pesar de no haber visto jamás su rostro; no importaba, el amor surge de algo que está más allá del rostro, o no es verdadero amor; además ella dijo ser una persona de apariencia normal. Suficiente para mí.

Fue llegando el invierno con sus frías y solitarias noches... Una de ellas justamente decidí no postergar más: intentaría aprender a volar en avión para llegar junto a ella y vivir unidos, PERO NO COMO PAREJA, de ninguna manera me prestaría para dar inicio a la nueva "engorda".

Se lo comenté muy entusiasmado al otro día y tuvo un arrebato de alegría. Dijo que estaba esperando secretamente esa decisión mía, y que de no producirse en un plazo prudencial, ella misma iba a intentar aprender a manejar un avión para venir a América del Sur. Creo que lo habría logrado...

—¡Eso nunca! —protesté—. Los príncipes llegan hasta las princesas, y no viceversa.

—Qué asco de machista...

—Qué asco de feminista...

Ella consideró que era una idea hermosa, madura y sensata, porque nada podría ser más insensato que ser los únicos habitantes del mundo y vivir separados, existiendo algo como los aviones, los barcos, los veleros por último.

Ese mismo día me encontraba inspeccionando los aviones de un aeropuerto. Al echar un vistazo al interior de uno de ellos y ver un millón de relojes o indicadores de algo, y otro millón de botones, sentí un nudo en el estómago. Una cosa era pensar en surcar feliz los cielos; otra, comprender el funcionamiento de cada uno de esos controles... pero no me iba a dar por vencido sin intentarlo al menos. Encontré cartas de vuelo de todo el mundo en un edificio de la Fuerza Aérea, elegí las que me servirían: desde Santiago hacia el norte hasta Perú, Ecuador, Colombia, Panamá, Jamaica, USA y Canadá. Sencillo...

Sólo que faltaba aprender a manejar aviones, SIN INSTRUCTOR...

No será tan difícil. Si aprendí solo a tocar instrumentos musicales, escribir a máquina, hablar varios idiomas, manejar automóviles, computación y escribir libros que se leen mucho... que se leían mucho, asimismo aprenderé a pilotear un avión, me dije.

Elegí un Cessna nuevecito, con casi seis horas de autonomía de vuelo y capaz de ir a más de doscientos kilómetros por hora, es decir, en condiciones óptimas podría hacer dos mil cuatrocientos kilómetros en doce horas diarias, en trece, contando una escala para reabastecer combustible. Me pareció fantástico, pero decidí no intentar trayectos de más de mil kilómetros entre sí.

Me pasé varios días examinando los manuales, así supe cómo poner combustible, echar a andar el motor y conducir el avión por la pista como si fuese un auto; pasaba horas y horas aprendiendo a dominar los pedales, que en la pista equivalen a los frenos y al volante de un automóvil, pero después ensayaba pequeños saltitos, lo lograba y me daban ganas de enfilar hacia las nubes de una buena vez con un simple tironcito del bastón de comando; pero no, paciencia, el viraje y el aterrizaje son lo más difícil.

Todas las noches le contaba entusiasmado mis progresos a Mary Francis. Ella se alegraba, confiaba en mí.

—Además, aunque cometas alguna torpeza en el vuelo, no puede sucederte nada.

—¿Por qué?

—Porque los extraterrestres te ayudarán en cualquier peligro.

—¡Esas bestias! ¿Piensas que son humanitarios?

—No, pero no les conviene que tú o yo desaparezcamos...

Pensé que tal vez tendría razón. Si yo fuese ganadero y mi futuro dependiese de un semental, no lo perdería de vista, pero sin poder asegurar que ellos razonaban como yo.

Bueno, intentaré sintetizar al máximo mi experiencia de aprender a volar, así como el viaje que emprendí después, que estuvo salpicado de anécdotas interesantes y que no fue tan sencillo como aparecerá aquí; pero el objetivo de este libro es mostrar los hechos que dieron origen a "El maravilloso universo de la Magia", así que evitaré aburrir al lector.

Llegó el momento de efectuar el primer despegue. Fue fácil. Di una vuelta bastante amplia sobre el aeropuerto, pero cuando quise descender comprendí que estaba atravesado sobre la pista, en un ángulo que hacía imposible el aterrizaje.

—Vaya, esto no es como un automóvil, no importa, me quedan más de cinco horas para intentarlo.

Decidí alejarme mucho del aeropuerto para hacer el nuevo giro, así dispondría de bastante espacio para alinearme con la pista.

Resultó. Antes de llegar desaceleré el motor y fui descendiendo hacia el cemento hasta dar un par de tumbos y luego rodar en forma no muy elegante, pero sin problemas. Accioné con cuidado los pedales de freno hasta que el avión se detuvo totalmente. Prorrumpí en aplausos y felicitaciones hacia mí mismo.

—¡Ya casi estoy a tu lado, Mary Francis! Aterrizar es más fácil que comer puré. Ahora sólo me falta estudiar el asunto de las cartas y los radiofaros para saber cómo orientarme. ¡Creo que antes de dos semanas podremos abrazarnos! —le comenté alegre aquella noche.

—¡Oh, no! —exclamó ella con un tono de desastre.

—¿Cómo que "oh, no"; qué significa ese "oh, no"?... ¿que es demasiado tiempo?

—Al contrario, es demasiado pronto...

—Ah, no tienes ganas de verme... bueno... de todos modos no es tan importante, estaba pensando en no ir a ningún lado...

Su risa festiva me confundió.

—No se trata de eso, Enrique. Lo que sucede es que te estoy preparando una sorpresa y no creo tenerla lista en dos semanas.

—¿Tanto cuesta preparar un pastel de fresas decorado con un corazón alado?... Ah, no, mejor sin ningún símbolo de bobos.

Diez días después, con Hugo en el asiento del copiloto, Paco y Luis en el asiento de atrás, me encontraba en el Cessna rumbo a Canadá, con no menos de treinta vuelos cortos en la espalda.

No pude abandonar a los animalitos. Imaginé que si me iba sin ellos, se pasarían el resto de sus vidas esperando en vano escuchar el motor del Mercedes anunciando mi regreso, no, imposible.

—Creo que si me voy y llego a Canadá, el remordimiento puede hacerme regresar sólo para buscarlos y llevármelos. Mejor hacerlo de una buena vez.

La primera jornada sería de ensayo, intentaría llegar a Antofagasta, ciudad a mil kilómetros al norte por aire, para dormir allí. Mary Francis estaba al tanto de todo mi plan.

La mañana estaba despejada, sin señales de nubes por ningún lado. Ideal, porque si hubiera visto indicios de tormenta no despego.

"Ayuda de Dios", pensé mecánicamente, pero pronto rectifiqué: No, control climático por parte de los buenitos ET.

Tal vez por eso mismo no tuve el menor inconveniente. En cinco horas y algo pude aterrizar en Antofagasta, cargar combustible y darles ocasión a los animales para sus necesidades; pero como todo estaba bien, consideré que no debía perder tiempo, así que partimos inmediatamente con rumbo hacia Arequipa, en el sur del Perú, lugar en el que pernoctaría, porque acerca de vuelos nocturnos no sabía nada, y con las pistas de aterrizaje a oscuras...

Me fue bien, como era de prever. El sol acababa de ocultarse cuando llegué a la ciudad de Arequipa. Reanudaría el viaje a la mañana siguiente para cruzar todo el Perú, reabasteciendo en Lima y pernoctando nuevamente en Piura, casi en la frontera con Ecuador.

En el aeropuerto de Arequipa, luego de alimentar a los perros, para después dejarlos sueltos por ahí estirando las patas, y al gato Luis encerrado en un salón, con agua y comida a su alcance, eché a andar el generador de la torre de control para llamar a Mary Francis mediante un equipo de radio más poderoso que el del avión.

—¡Adivina desde dónde te estoy llamando! —exclamé, sabiendo que ella me hacía todavía en Chile.

—¿Desde Jamaica?

(Qué golpe al ego.)

—No, sólo desde el Perú...

—¡Desde el Perú! ¿Es verdad? ¡No puede ser!

—Sí, es verdad... ¿Te parece demasiado lejos todavía?

—Claro que no, estás muy cerca. ¡Es fantástico!

(¿Quién entiende a las mujeres?)

—¿Te diste la molestia de mirar un mapa? —pregunté.

—Realmente, no. Estuve muy ocupada preparando la sorpresa que te tengo, pero la terminé mucho antes de lo previsto.

Ahora estoy haciéndote un pastel de fresas. Estarás aquí para el desayuno, ¿verdad?

—¡Para el desayuno! Ah, ja, ja; es una de tus bromas... —hubo un largo silencio.

—Mary Francis, ¿estás ahí?

—Sí, ¿por?

—¿Qué bicho te picó? ¿Qué pasa?

—Nada... pensé que yo te importaba más...

Ahora el silencio provino de mi parte. ¡Todavía no nos conocíamos y ya me estaba presionando sentimentalmente! Exigiéndome imposibles además.

—¿Tienes idea de la distancia que nos separa? —pregunté.

—Sí, me estoy dando cuenta —respondió, tomando el asunto por otro lado.

—Pero es que me resultaría imposible estar allá antes de CINCO DÍAS. Eso ya lo sabías, ¿qué te pasa ahora?

—Tengo que ir a dormir... con un amigo que vino de Alemania en yate antes que tú. No había querido decírtelo. Puedes quedarte con una paraguaya, si es que encuentras alguna. Buenas noches.

Cortó la comunicación.

¿Le ha sucedido al lector casarse muy enamorado, sin conocer demasiado a su Dulcinea, pero jurando que es su amor desde varias encarnaciones atrás, y a los pocos días darse cuenta de que aquella con la que acaba de unir su vida en forma legal no tiene más de cinco o seis años mentalmente? Así me sentí yo, creo que peor, porque en este caso no había ninguna otra opción...

¡Mary Francis es la inmadurez misma! Y yo, idiota, pasando estos peligros, atravesando países en avión con perros y gato a cuestas... por una mujer incapaz de evaluar la realidad... ignorante además, confundiendo Perú con Paraguay; caprichosa también, intentando ponerme celoso con un alemán inexistente...

Cómo deseaba que nada de eso estuviese ocurriendo. Su imagen se me estaba deformando, me sentía engañado, estafado casi. Qué pocas ganas tenía ahora de continuar el viaje.

Rumiando amarguras en un sofá del aeropuerto, sintiéndome el estúpido más grande del mundo (no costaba mucho serlo), me quedé dormido.
Despegamos muy temprano hacia Lima-Piura.

—¡Cuánto falta! Y pensar que la inmadura aquella pretendía que llegase desde Arequipa a Halifax en una sola noche...
—Bourf —dijo Hugo, lamiéndome la cara.
Una vez en Piura, acomodé a los bichos y llamé a Mary Francis desde la torre de control, aunque sin un ánimo demasiado grande.
—¿Mary Francis?
—Ah, hola (no me molestes, Sigfrid, ja, ja). ¿Sí? Dime.
¡Estaba simulando estar con el alemán!
¿Dije cinco años de edad mental? Me equivoqué. Cuatro o tres, pensé muy deprimido.
—Estoy en Piura...
—¿Paraguay todavía? Creo que la estás pasando muy bien por allí (no me hagas cosquillas, ja, ja, Sigfrid).
—¿No sabes donde está el Perú?
—No tengo la menor idea (alcánzame el Martini, querido).
—Sé perfectamente que estás sola, deja de jugar como una niñita de biberón.
(—Hey, Sigfrid, el africanito dice que tú no estás aquí, ¿quieres hablar con él, amor?)
Escuché algunos movimientos y luego quedé petrificado, porque una recia voz de hombre me dijo en un alemán que alcancé a comprender:
—MEIN NAME IST SIGFRID. WAS WOLLEN ZIE?*
—... Eh... nazing, niet, digo, nada, digo...
—AUFWIERDESSEN!**
—... de nada... gud bai, zankiu.
—¿Escuchaste? —me preguntó ella.
—Sí...

---

* Mi nombre es Sigfrid. ¿Qué desea usted?
** Adiós

¡De manera que ya no éramos las únicas dos personas en el mundo! Decidí no ir a Canadá a interrumpir aquel romance, naturalmente.

—¿A qué hora piensas llegar por aquí? —preguntó.

Yo estaba traumatizado, no porque ella me importase demasiado ya, sino porque debía reestructurar nuevamente todas mis ideas. Era como volver a quedar solo en el planeta.

—No, no iré.

—Ja, ja, ja. ¿Creíste lo del alemán? ¡Qué tonto!

—¡Cómo que si creí... él me habló!

—¡Era una grabación; ja, ja, ja!

—¿U... una qué?

—Una grabación de un curso de alemán que encontré por aquí. Escucha:

—WIE VIEL MARK KOSTET EIN ZIMMER AN DIESEM HOTEL?* —preguntaba una voz de dama, que no era la de Mary Francis.

—EIN ZIMMER KOSTET ZWANZIG MARK EINE NACHT** —respondía la misma voz del supuesto Sigfrid. Quedé perplejo. Cada vez la comprendía menos.

—¿Por qué hiciste eso?

—Para jugar, claro. ¿No te gusta jugar?

—Y la escena de anoche... ¿también?

—¿Pensaste realmente que desconozco tu itinerario? Vivo pendiente del mapa.

"Vaya, esta mujer es una caja de sorpresas."

—¿Y no confundes Perú con Paraguay?

—He seguido el rastro de varios casos de Ovnis en el Perú. Sueño con conocer Macchu Picchu y el Cuzco. De Paraguay sé muy poco, Stroessner... creo que eso es todo. No soy muy culta, lo confieso... Ah, y también sé que no eres un africanito, sino un latinoamericanito, ja, ja, ja.

Escuchar esa nueva Mary Francis, bueno, no nueva, la de siempre, me produjo un gran entusiasmo. Todo comenzó a reordenarse en mí.

—¿Sabes una cosa, Mary Francis?

---

* ¿Cuántos marcos cuesta una habitación en este hotel?
** Una habitación cuesta veinte marcos por una noche.

—Dime.
—Te quiero mucho.
—Yo no a ti. (Traeme otro Martini, Sigfrid.) Buenas noches, para mí van a ser muuuuuy buenas... Adiós.

Y cortó nuevamente la comunicación, pero esta vez me causó muchísima gracia. Tenía un sentido del humor muy particular; sólo ahora lo estaba comprendiendo.

Al día siguiente pasé sobre el Ecuador, reabastecí en Cali, al sur de Colombia, volé por sobre un pedazo del mar Pacífico y llegué al anochecer a Panamá. Desde allí volví a llamarla, pero una tormenta eléctrica en algún lugar entre ella y yo hizo imposible comunicarnos. Esta vez encontré un elegante hotel cercano al aeropuerto, allí pasamos la noche. No quise soltar a los perros porque divisé muchísimas víboras, y como mis amigos provenían de un país casi sin serpientes, y ninguna venenosa, podría ocurrirles cualquier accidente. Ellos ocuparon la suite presidencial...

La jornada siguiente cruzamos el mar hasta Jamaica, y de allí a Palm Beach, al norte de Miami, en donde volví a llamarla. Ahora sí lo conseguí.

—Es el cuarto día de viaje, querida, pero ya faltan sólo dos más. Mañana duermo en Boston, y luego, ¡a Halifax!
—¡Dos días; tanto! Pero si Boston está cerquita de Halifax...
—Es verdad, Mary Francis. Me gustaría poder hacer mañana Palm Beach-Halifax, en lugar de Palm Beach-Boston, pero llegaría de noche...
—Confía en mí, busca una luz al llegar a Halifax.
—Pero es que nunca he volado de noche y...
—Y sé que jamás lo harías por mí. Adiós.

Otra vez cortó definitivamente, pero esta vez había un desafío encerrado allí. ¿Sería capaz de llegar desde Palm Beach a Halifax de un solo tirón? Eran unas quince horas de vuelo, como para llegar de noche sí o sí, pero... con suerte...

—¿Y cómo vas a encontrar la pista de aterrizaje? ¡Puede haber neblina! ¡Qué horror! —Conejo entró en escena.

—Confiemos, Enrique, los extraterrestres no pueden permitir que eso ocurra —dijo Bobi, reapareciendo luego de largo tiempo— y si nos vamos a la velocidad máxima... Además ella te dijo que buscaras una luz, bastaría con cuatro tarros encendidos señalando las cuatro esquinas de la pista de aterrizaje...

—No seas loco, por favor, es tan fácil esperar una nochecita más y llegar de día.

—Y capaz que la tipa esa sea una escoba con nariz de gancho. Arriesgarnos a todos por una gringa flaca... —manifestaba Dudote.

—Debe de ser muy hermosa, una mujer así tiene que ser muy hermosa —soñaba Bobi.

—Y muy interesante —decía ya se sabe quién.

CAPÍTULO 8

Después de un cansador viaje desde antes de la salida hasta después de la puesta de sol para llegar a Boston, luego de cargar combustible allí, retomo la pista y apunto hacia un cielo nublado y oscuro para internarme en la noche que caía...
Halifax estaba horas adelante hacia el Noreste...
Muy pronto no era capaz de distinguir otra claridad que la de los instrumentos, ni estrellas ni nada, por las nubes. Un escalofrío siniestro me puso en estado de "alerta rojo".
Horas después no podía saber si me encontraba sobre, antes o más allá de la ciudad de Halifax... ¿Dónde quedaría el aeropuerto?... ¿Y la ayuda de los extraterrestres? ¿Y la luz de Mary Francis? Sin radiofaros funcionando en la zona, sin luna para distinguir las características del terreno, la carta de vuelo no me ayudaba en nada; sólo podía intentar ir derecho en la dirección calculada, bastante alto, para tener mayor campo visual por si veía alguna luz.
—Por último enfilas derecho hacia abajo y se acaba de una vez esta historia horrenda —decía fuera de sí Conejo, quien en las situaciones críticas tenía tendencias suicidas.
—En caso de urgencia puedo amarizar —procuraba animarme yo mismo.
—Pero con esas ruedas... seguro que al tocar el agua nos vamos hacia adelante, se quiebra el avión y nos hacemos pedazos...
—Mary Francis es una loca, a lo mejor enciende un cigarrillo y cree que vas a ver su luz... y tú, peor de loco, nada te costaba esperar una noche más.
—Pero te presionó, te presionó, es una bruja, ¡nos mataremos!
Los animales captaban mi nerviosismo. Ellos también estaban tensos y fatigados.
Con una ciudad a oscuras en una noche sin luna no hay forma de saber si se vuela por sobre un prado o por sobre rascacielos. Ninguna lucecita a la redonda. Instrumentos en la cabina, y sombras impenetrables abajo.

Un poco más adelante, cuando ya sudaba frío, distinguí un resplandor amarillo en el horizonte, un poco a la derecha. ¿Un incendio de pastizales? Tal vez, había visto algunos en mi viaje. Era casi verano en el hemisferio norte y muchas veces un rayo de sol pasando por una resina o por un resto de botella inicia la combustión... ¿o sería Mary Francis...?

Me fui directo hacia la claridad con la esperanza encendida.

Poco después mi corazón dio un brinco de alegría, sí, porque el resplandor se fue transformando gradualmente en dos nítidas hileras de luces amarillas, indicando todo lo ancho y largo de una pista de aterrizaje. La torre de control estaba también señalada de alto abajo, como para no chocar con ella... Pero algo más brillaba en lo que parecía ser el cabezal de la pista.

Cuando estuve más cerca pude ver de qué se trataba. Escrito mediante una gran cantidad de tarros encendidos podía leerse:

WELCOME, ENRIQUE!

Una figura femenina se encontraba en medio de un círculo de llamitas haciéndome señas con los brazos.

La saludé con las luces de aterrizaje mientras se me escapaban lágrimas de emoción. Mary Francis era sencillamente genial, y generosa; cuánto trabajo se había tomado para regalarme esa sorpresa que, por otro lado, era vital para aterrizar. No sólo eso, parecía conocerme, porque todo lo hizo dando por sentado que yo llegaría aquella noche. Ella tenía razón: valió la pena el riesgo nocturno. Nada se habría comparado a aquello en una rutinaria llegada diurna.

—¡Es una diosa! —manifestó maravillado Bobi.

—Y nos hizo ganar un día... qué bueno que todavía existan locos movidos por el amor —me dije entre lágrimas y sonrisas.

Efectué un gran giro para terminar el aterrizaje en el cabezal, cerca de la adorable desconocida. Me bajé del avión a unos cincuenta metros de la figura que estaba dentro del círculo encendido.

Mis sorpresas no hacían más que comenzar.

Ella esperaba de brazos cruzados, con una mano bajo el mentón y la cabeza un poco ladeada.

—Por lo menos no es gorda ni flaca, pero vamos a verle la nariz a la gringa —dijo Dudote.

—Y si la tiene ganchuda no es asunto tuyo. No me guío por las apariencias, pedazo de tonto —me defendí.

No podía aún distinguir bien sus rasgos porque las luces movidas por la brisa le otorgaban sombras cambiantes a su figura.

De pronto me pareció que yo caminaba en cámara lenta, y que con cada paso mío el cielo se aclaraba un poco...

¡Sí! A medida que avanzaba, el cielo iba adquiriendo un tono rosa. ¡Todo se estaba iluminando de una manera extraordinaria! Además, Mary Francis se estaba transformando... ¡Se estaba convirtiendo en una deslumbrante hada!

A medida que caminaba, mi conciencia iba ingresando a un nivel superior; en esa misma medida el mundo iba cambiando, cada vez más bellos los colores, igual que el hada...

Cada metro avanzado despertaba nuevas zonas de mi conciencia adormecida. Poco a poco fui recordando todo, comprendí que no era verdad que la humanidad hubiese desaparecido, porque todo había sido una travesura del hada, a quien comenzaba a recordar más y más, a partir de Clarken.

Cuando llegué a su lado, ella se encontraba sentada a los pies de mi cama en mi antigua habitación del departamento. Ningún tiempo había pasado. El fin del mundo había sido un sueño, una ilusión. Toda mi gente estaba a salvo.

—¿Por qué me hiciste vivir una historia tan horrenda? —protesté cuando fui capaz de coordinar mis ideas.

—Dudaste del Dios Amor —respondió alegre.

—¿Sólo por eso?... Culpa tuya, porque antes de ti, yo no dudaba; ahora ya no estoy tan seguro, gracias a tus inventos.

—A TUS inventos —corrigió.

—No me vengas otra vez con la historia de que cada uno inventa su realidad. Yo no inventé una invasión extraterrestre, la que, afortunadamente, no ocurrió.

—Sí ocurrió —dijo.

Un escalofrío me recorrió el alma.

—Quieres decir que la humanidad...

—La humanidad fue absorbida por esos extraterrestres devoradores, pero EN ESE UNIVERSO, no en éste. Aquí rije el Dios Amor.

Una pequeña luz se hizo en mi cerebro.

—¿Estás diciendo por casualidad que no hay un solo universo, sino muchos, y que yo puedo vivir en varios de ellos?

—¡POR FIN! —exclamó con alborozo— es lo que he estado diciendo desde el principio, lo que tú mismo escribiste, que cada cual vive en el universo que es capaz de imaginar. Tú dudaste del Dios Amor, por eso me preguntaste lleno de miedo si era verdad lo que tu corazón sabía; fue así como le diste una oportunidad a tu conciencia para sintonizarse con un Enrique que vive en un universo en el que Dios no es Amor, sino fuerza; te metiste en él y viviste de acuerdo a como son las cosas en aquel lugar, en esa dimensión.

Lo que el hada me decía era muy confuso para mí.

—Pero... ¿cuál es entonces la verdad, el universo verdadero, el Dios verdadero?

—¡Y dale otra vez con eso! No existe una sola verdad, un solo universo ni un solo Dios.

—¡AH, NO! Politeísmos no... ¿ME VAS A DECIR QUE NO EXISTE UN SOLO DIOS?

—Claro. Para uno, su Dios le ordena matar en su Nombre. ¿Te parece que ése pueda ser el Dios Amor? Para otro, su Dios le dice que la fuerza es lo único que cuenta. ¿Crees que el Dios Amor podría ser así? Y cada cual tiene su propio Dios y de acuerdo a Él vive y muere.

—Creo que estás equivocada, Maravilla. No es que existan muchos Dioses, sino muchas interpretaciones del Dios único.

—Eso es verdad, pero sirve de poco, porque la interpretación es lo único que cuenta —sentenció el hada.

—¡Lo único que cuenta! —yo no podía creer aquello.

—Para cada cual —precisó con una sonrisa.

—¿Sabes, Maravilla? Esto parece chino, comprendo y no comprendo. ¿Existen o no existen REALMENTE los extraterrestres devoradores? —pregunté, queriendo llegar a una conclusión definitiva.

—¿En qué universo? Me parece que ya viviste REALMENTE en un universo en el que existen muy de verdad.

—Pero Ami dice que no existen... me hicieron escribir mentiras...

—No es mentira. En el universo de Ami, no existen. Ami invita a vivir otra historia, en la que no hay nada terrible.

—¿Una fantasía? —pregunté.

—Todo es real, aquello en lo que crees se hace real para ti, porque cada cual va creando su propia historia de instante en instante. No existe un solo acontecer universal único e invariable, no. No existe una sola historia. Tú eliges la historia que quieres vivir. El juego cósmico fue diseñado con mucha más imaginación y flexibilidad de lo que tu rígida mente piensa; se le brinda a cada alma una libertad muy superior a la que tu mente puede concebir; en realidad, cada cual está frente a su universo personal al mando; cada cual proyecta todo lo que sus ojos son capaces de ver, hace reales todas las leyes que su imaginación puede concebir, cada uno...

El hada hablaba con gran entusiasmo, pero sentí que me estaba dando un caldo demasiado sustancioso todavía para mí.

—Pst, Maravilla... —expresé para que cambiase la tónica.

—¿Sí?

—¿Y Mary Francis también se sintonizó con ese universo?

—Naturalmente. Al aceptar dos especies de entidades cósmicas evolucionadas, estaba abandonando el universo del Dios Amor, igual que tú.

—Sin embargo, ella seguía fiel a un Dios de Amor...

—No de corazón, sino como un empecinamiento mental, como un incondicional de un equipo o de una nacionalidad, tú mismo se lo dijiste y ella lo reconoció. Eso no basta, o no le hubiese tocado vivir aquella historia. Le faltó certeza.

—¿Cómo es que ella se transformó en tú misma? ¿Dónde está ella ahora?

—Todos estamos en varios lugares simultáneamente, en varios pliegues dimensionales, como tú, que por un lado eres un escritor más bien desconocido, el de ahora; por otro, eres muy famoso y vives en Miami, también eres un cavernícola y un habitante de Ofir...

—¡El tipo de Ofir era yo mismo!

—Sí, pero en un nivel mucho más elevado que el actual.

—¿En el futuro?

—Bueno, te da la sensación de futuro porque tu conciencia no es capaz de trascender el tiempo, no puede vivir lo eterno, pero todo existe simultáneamente, el tiempo es una forma de movimiento de tu conciencia, una manera de ir de una realidad a otra, pero no existe fuera de ti. El que eres en Ofir, lo eres en este mismo instante, y eres también un alma que pasó por un examen ante los sabios que rigen tu sistema de existencia, antes de entregar enseñanzas escritas, y en otra dimensión eres algo más que un extraterrestre; eres... no, te sorprendería.

—¡AH, NO! —exclamó Curi—, no me vas a dejar con esa espina.

—Bueno, un poco más allá estás a mi nivel y tenemos... bastante proximidad. Y por otro lado yo soy Maravilla, pero en otro pliegue soy Mary Francis...

Comprendí entonces por qué me sentía atraído hacia ambas, claro, eran la misma persona, o el mismo ser, pero en distintos niveles evolutivos.

—Entiendo, por eso estoy un poco enamorado de ti y...

—Y yo de ti, Enrique, pero no un poco, sino un... todo —dijo, enviándome un amor devastador en esa mirada.

Enrojecí hasta las uñas y bajé la vista mientras ella reía alegremente.

—Cómo puedes decir eso... tú eres una diosa, y yo un pobre...

—Ya apareció Feote por ahí... —rió—. Si de pronto el que eres en mi plano dimensional apareciese ante Mary Francis y le dijese que está enamorado de ella, lo mismo le sucedería.

—¿En serio; no tienes una foto de ése por ahí? —preguntó Curi.

—¿De qué le sirve a una oruga ver una foto de su futuro, de una hermosa mariposa? Sólo le haría sentirse mal, despreciarse —sentenció la sabia hada.

—¿Y a ti no te molesta esta apariencia mía de oruga?

—No, me gusta mucho... ¿no te gustaría ver al ser amado como era antes?

Volví a enrojecer.

—Insinúas que somos algo así como... —novios, quise decir, pero me pareció un atrevimiento, una fanfarronada.

—¡ALMAS GEMELAS! —manifestó alegremente el hada—. Eso es lo que somos.

Cuando pude reponerme de aquella demoledora afirmación, la miré a los ojos. Me pareció ver en ellos el reflejo de otros planos de existencia, en los que volábamos juntos tomados de las manos. Una antigua espina abandonó mi pecho, porque yo había nacido con la sensación de la existencia de una compa-

ñera muy amada, que debía estar por alguna parte, y luego llegaron las dudas que me causaron dolor.
—Entonces era verdad, lo que yo presentía era cierto. Comprendo, tú eres mi compañera, pero en un nivel superior de mí mismo, y Mary Francis eres tú a mi nivel. Mi alma gemela es Mary Francis...
—No me digas que quieres volver a ese mundo, Enrique.
—No, a ese mundo no, pero al Halifax de ESTE mundo sí que voy a ir.
—Allí no está ella, no estoy yo. En AQUEL universo, sí; en ESTE, no.
—¿Dónde puedo encontrarla entonces?
—Existo en muchas partes, ya te lo dije. Tu propio crecimiento interno te irá llevando al mundo en el que habita una yo misma apropiada para ti. Pero si te dedicas a buscarme, no me encontrarás, no a mí; si te dedicas a crecer —y ya sabes que el servicio a la humanidad es lo que más hace crecer— tu propio crecimiento y la ley de afinidad producirán el encuentro, ah, y no necesariamente esperes a una canadiense llamada Mary Francis, o tal vez sí. Eso deberás descubrirlo tú mismo.
—Dame una pista al menos —dijo Curi, antes de que pudiese hacerlo callar.
—Tampoco busques la misma personalidad de ella, puede ser diferente, pero seré yo.
—Su personalidad era bárbara, perfecta para mí.
—Más bien para el Enrique de aquel universo.
—¿No somos iguales?
—No, porque en el fondo de tu corazón no dudas de Dios como él; por eso estás aquí y no allá. Tú tienes menos "ruido intelectual" interno, así que, A TI, esa Mary Francis habría terminado por parecerte un poco desconectada de los planos sutiles, un poco parlanchina, y sus bromas te habrían cansado.
—En realidad... hacía cada una... pero qué ocurrente...
—Más o menos... no se le ocurrió encender el generador del aeropuerto, así hubieras contado con una hermosa pista iluminada, con el faro de la torre encendido y con un radiofaro también... Tú tampoco fuiste muy ingenioso.
—¡Pero qué par de brutos que fuimos!... —exclamé enojado conmigo mismo.

Maravilla se reía de mi cara.

—Y tú más, que todos los días electrificabas los aeropuertos para hablar por radio con ella... ¿nunca se te cruzó la idea de enseñarle cómo hacerlo?

—Nada, cero, ni se me pasó por la mente... pero qué pedazo de tarado, qué imbécil...

—No te censures tanto, Enrique, ¿no crees que fue más hermoso así después de todo?... —preguntó.

—Bueno, creo que sí, pero fue más espeluznante también... ¿Qué sucedió con ella?... No me es fácil dejar de lado las ilusiones que me había hecho... llegué a quererla...

—¿Qué sucedió? Sucedió que el Enrique de ese mundo llegó a ella, se unieron y fueron muy felices junto a Hugo, Paco y Luis; ah, y no pudieron evitar tener descendencia... Más adelante se encontraron con otras familias de sobrevivientes y cosas así...

—Quiere decir que se prestaron para la "engorda"...

—Sólo hasta que cambien sus creencias; en ese momento cambiarán de universo y no habrá "engorda", sino plan de ayuda... Cada cual elige la historia que quiere vivir.

—¡Qué fantástico!... Entonces si ellos tuvieron descendencia, nosotros en cierta forma tenemos... ¿hijos?

—Miles, en miles y miles de planos dimensionales.

—Qué confuso es todo eso, Maravilla. Qué difícil me es aceptar este nuevo modelo de universo, realidades múltiples, las cosas son y no son al mismo tiempo, reencarnaciones sin morirse, universos paralelos entrecruzados, aquello en lo que se cree se hace realidad...

—Te va a tomar un tiempo habituarte, pero es verdad. Si te metes en una secta en la que creen que los vampiros existen, no dudes que allí, tarde o temprano, te encontrarás con uno. Si te vas a una agrupación en la que esperan el fin del mundo, pronto verás al planeta pereciendo, y no me vayas a preguntar cómo es "DE VERDAD" el futuro, porque no hay una sola verdad ni un solo futuro ni un solo planeta Tierra ni un solo Dios.

—Otra vez con eso...

—Piensa solamente que TÚ ERES EL DIOS DE TU UNIVERSO PERSONAL.

Mazazo.

CAPÍTULO 9

—Buenos días, don Enrique, aquí está su desayuno.
—Mpfhuenos bías, Coca, déjalo en la mesita —respondí más dormido que despierto.
Poco a poco recordé que el día anterior había recibido el llamado del chistoso... Clarken... los devoradores... Mary Francis, el Cessna, Halifax y ¡Maravilla! De un salto me senté en la cama y miré la fecha en mi reloj: once de enero. Todo estaba bien, pero yo había vivido además varios meses extra...
—¡Coca! —llamé.
—Diga, señor —contestó desde la cocina.
—¿En qué año estamos?...
Silencio.
—¡Cocaaa!
—No me diga que no lo sabe...
—Quiero asegurarme, dímelo tú.
—Hace sólo once días comenzó el año, no es como para olvidarlo.
—Once días para ti, pero para mí no.
—Usted dice cada cosa... Me parece que tendría que casarse; estar solo a su edad no es sano, no le hace bien.
Entonces recordé que yo tenía mi alma gemela por alguna parte, eso me puso muy alegre.
—Me hace maravillosamente bien, Coca.
—No se nota...
—Bueno, dime en qué año estamos.
—¿Para qué, si sabe?
—¿En mil novecientos ochenta y nueve? —dije, para forzarla a decir algo.
—¿Está bromeando? Falta un año para eso.
—Ah, entonces todo está bien.
—¡Hum!
Sólo había pasado una noche, pero también pasaron me-

ses. Ahora yo sabía pilotear un avión, comprender cartas de vuelo, establecer comunicaciones radiales y destruir vidrieras. También sabía que en una dimensión vivía en Halifax una chica aficionada a las bromas, a las sorpresas y a la cocina, que quería acercar los extraterrestres buenos a los niños, sabía que ahora vivía feliz conmigo... bueno, con un Enrique de otro universo, y que ella era en cierta forma el hada Maravilla, igual como yo era a la vez un escritor famoso que en otro plano vive en Miami y en otro es un tipo perdido en una caverna horrorosa y un extraterrestre de Ofir en otro y un individuo que se salvó de una comilona extraterrestre y dio origen a una nueva humanidad...

—Coca.
—Diga.
—¿Crees en los extraterrestres?
—Huy, sí, pero me dan miedo.
—¿Piensas que son malos?
—Sí.
—Entonces cuando veas un OVNI, huye de él.
—¿Por qué, don Enrique? —preguntó con los ojos redondos de temor.
—Se comen a la gente...
—¿Tan malos son?
—Los tuyos, los de TU mundo, sí; los de MI mundo, no.
—Mejor me voy a limpiar la cocina. Cásese, le conviene.

La lección había sido absorbida por mí, pero sólo hasta cierto punto. Ahora las preguntas no hacían más que comenzar. ¿Es posible cambiar de universo? Si uno imagina o crea su realidad, ¿qué papel desempeñan los demás? ¿También son creación de cada cual? Absurdo. ¿Puedo centrarme en mi yo extraterrestre de Ofir? ¿Puedo inventar cualquier historia y vivirla como si fuese real? Me entusiasmé.

De ser eso posible, entonces Mandrake el Mago sería un pelele a mi lado, pensé.

"Tú eres el Dios de tu universo personal", había dicho la hermosa y amada Maravilla. ¿Quiso decir con eso que cada cual es la autoridad de su universo? ¿Quiso decir que cada cual tiene pleno derecho a hacer lo que quiera... a imaginar lo que quiera y realizar lo que se le dé la gana?... Sí, eso mismo dijo, pero...

Ella afirmó haber venido a enseñar Magia, y me demostró sobradamente que no hay un solo acontecer único e inmutable para toda la humanidad; por lo tanto "existe la posibilidad de ir creándose su realidad de instante en instante", concluí emocionado. Todo aquello me parecía muy hermoso y lleno de posibilidades infinitas, poderes, Magia, todo eso.

Me concentré en que la bandeja con el desayuno venía volando hacia mí.

Ensayé mil formas de disposición mental, pero no se movió ni un milímetro...

Cada cual vive en el universo que es capaz de imaginar, me dije; entonces en el universo que imagino, las bandejas con el desayuno son buenitas y obedientes y vuelan solas hacia quien así lo desee, y yo deseo que esa bandeja vuele sola hacia mí. ¡Ya!

Nada.

—¡Esto no funciona! —exclamé de mal humor.

—¿Qué dice, don Enrique?

—No, nada, Coca; estoy hablando solo.

Silencio.

—¿Habla solo usted? —preguntó con cierto temor. Trabajaba conmigo desde apenas unos quince días atrás.

—Sí, ya sabes que los escritores estamos medio locos, así que no te pre-ocupes y déjame tranquilo con mis locuras.

—Dice que está loco, estamos solos en este departamento y quiere que no me preocupe...

Aquello me hizo gracia.

—Pero no soy un loco agresivo —dije riendo.

—Nunca puede una estar segura de nada —opinó, yéndose hacia el living.

Me hizo recordar de inmediato a Conejo, mi yo miedoso; él también opinaba que nunca se puede estar seguro de nada, de allí el temor, la falta de certeza, y ése era mi caso, como se quejó mi examinador del cielo y la misma Maravilla, cuando afirmó que toda aquella pesadilla con los extraterrestres devoradores había sido producto de mi falta de certeza en el Dios Amor. Recordé que Jesús dijo que si se tenía una fe chiquita como un grano de mostaza, pero fe a fin de cuentas, se podría mover montañas... y según Clarken, el temor y la duda impiden el contacto con realidades superiores, claro, porque ambas debilidades son hijas de la falta de certeza o fe.

—¡La fuerza del Mago es la certeza! —exclamé.

Una quebrazón en la cocina me indicó que a Coca se le había caído un plato de las manos...
—¿Qué pasa, Coca?
—Nada... es que como usted está hablando solo... y de brujos...

No pude evitar la risa.
—De Magos, Coca, de Magos.
—Magia y brujería es lo mismo... y no me gusta... y tampoco los patrones que dicen que están locos y hablan solos... ni los extraterrestres...

Tuve que hacer grandes esfuerzos para disimular la risa y no creyese que me había dado un ataque demencial. Casi podía verla imaginándome saliendo de mi habitación desnudo, con ojos desencajados, una risa de loco y un cuchillo en la mano...

Y si ella imagina eso, se le puede hacer realidad, según lo que Maravilla me ha indicado; pero eso no es posible, porque yo jamás haría una cosa así. Entonces, ¿qué Enrique saldría de mi habitación con un cuchillo en la mano?... Ah, ella tomaría contacto con otro universo, ingresaría en otra dimensión... entonces... existen millones y millones de planos y subplanos de existencia que se entrecruzan, millones y millones de Enriques y de Cocas y de...

—¡EXTRATERRESTRES DEVORADORES Y ENRIQUES ASESINOS Y ENRIQUES LOCOS FURIOSOS Y HASTA UNA COCA QUE MUERE ACUCHILLADA POR MÍ! —exclamé entusiasmado.

Una estrepitosa quebrazón y una carrera hacia el pasillo en medio de un patético grito de espanto me indicaron que tendría que buscar una empleada nueva.

Todo estaba muy bien, en teoría, pero la bandeja con el desayuno parecía no pertenecer al universo que yo imaginaba; insistía empecinadamente en no acatar las órdenes de la autoridad del universo: yo.

Decidí intentarlo sólo con la taza de café, era más liviana, pero pronto cambié de idea porque podría volcarse sobre la cama al llegar a mí. Decidí centrar mi fuerza psicotrónica en el sandwich de pan con queso.

También él resultó ser un rebelde o, lo que era más probable, el Dios de mi universo personal no tenía don de mando...

Me sentí humillado cuando tuve que ir YO PERSONALMENTE a buscar a la subversiva bandeja, luego de haberme lavado los dientes.

Después de varios infructuosos intentos de transmutar un clip de alambre en uno de oro, de hacer sonar la guitarra con mi mente y de levitar, aunque sólo fuese unos cinco centímetros, a eso de las tres de la tarde tomé la decisión de ir a darme una ducha. Las pasadas experiencias habían desajustado todos mis horarios habituales.

—¡Aquí hace falta Maravilla! —dije en voz alta cuando comprendí que me faltaban datos para practicar la Magia, mientras me duchaba, porque tampoco el agua quiso entibiarse sola ni el jabón vino a mi mano.

—Aquí estoy —dijo su voz tras la cortina.

Di un respingo que me catapultó a otra dimensión.

CAPÍTULO 10

Apareció ante mis ojos una bola de cristal. Pude ver una imagen formada en la esfera: un hombre tomaba una ducha, pero estaba inmóvil, paralizado. Era yo. Detrás de la cortina, un hada. Ella se volvió hacia arriba y nuestras miradas se encontraron. Me hizo un guiño pícaro. Sonreí muy sereno. Observé sin sorpresa mis ancianas manos alrededor de la bola de cristal. La imagen de la esfera se esfumó.

Levanté la vista. Al otro lado de la mesa de rústicos y gastados tablones, brillosos de uso, una señora mayor, de cara redonda y mirada muy viva, me observaba con penetrante tranquilidad.

A esta señora la conozco... la conozco, pensé.

Tenía ensortijados cabellos plateados partidos al centro. Su mirada gris azulosa me calaba muy hondo.

—¿Lo has traído? —me preguntó en un idioma que yo desconocía, pero que en aquel momento comprendí.

No supe qué responder; sin embargo, lo hice, bueno, no yo.

—Sí, ya está en mí —dije, con una voz cavernosa que me sonó muy ajena, y en el mismo idioma extraño.

Más habituado ya a ese tipo de desdoblamientos, me pareció que el anciano era otra especie de yo mismo, pero en otro plano de existencia.

—¿Sabes dónde estás? —volvió a preguntar.

Yo esperé que el anciano respondiese, pero pronto comprendí que ella se dirigía a mí, a mi yo habitual, lo cual era una situación bastante nueva.

¡Esto es una sesión de espiritismo entonces!... Este viejo es el médium, y el espíritu... ¡soy yo!, pensé, temiendo haber desencarnado.

—¿Sabes dónde estás, Enrique?

Quise decir "no", pero los labios del anciano pronunciaron "niet". Así supe que aquello era ruso.

—Estás en Rusia, en mil ochocientos ochenta y ocho —me informó la señora.

"¡Qué maravilla; es posible viajar al pasado; justo a un siglo atrás!", pensaron Bobi y Curi, lleno de arrobamiento el primero, de interés el segundo.

—¿Qué hago aquí? —pregunté una vez repuesto de mi sorpresa.

—Vas a recibir una instrucción, una enseñanza —respondió.

Otra más..., pensé.

Eche afuera entonces, quiso decir Curi, pero se lo impedí, por vulgar.

—¿De qué se trata?

—Tienes que escribir un libro.

¡No se lo puedo creer! casi exclama el burlesco de Payasín, pero tampoco lo dejé, por irrespetuoso.

—Un libro de Magia —agregó.

—El maravilloso universo de la Magia, ya lo sé —dije.

—Perfecto, estás más consciente de lo que pensé.

Así somos los campeones, pensó Payasín, pero le lancé un coscorrón mental.

—La clase de Magia que te toca difundir no puede practicarse si antes no se conoce la Ley Universal del Amor y si no se ha aceptado al Dios Amor con todas las fuerzas, con toda la mente y con todo el corazón.

Sentí que lo que tenía que enseñarme esa mujer era importantísimo. Una fuerza impresionante emanaba de ella. Desactivé a los yoes inferiores y me centré en mi yo espiritual, poniendo en las palabras de la señora toda la atención de la que era capaz.

—¿Estás comprendiendo?

—Sí, perfectamente, continúe por favor.

—El Amor es un espíritu viviente —prosiguió la dama—. El es nuestro verdadero YO. ¿Comprendes?

—Sí.

—No, no comprendes, sólo entiendes, pero no comprendes.

¿Cuál será la diferencia entre comprender y entender?, me pregunté.

—Entendemos sólo con el intelecto; comprendemos con todo nuestro ser. Nada se saca entendiendo sólo con la mente que nuestro verdadero Yo es Amor; debemos VIVIRLO como una presencia en nosotros y que somos nosotros en nuestra dimensión más real. El verdadero Mago es el Amor, Aquel a quien los pueblos han llamado Brahma, Dios, Jehová, Osiris, Adonay y miles de nombres más; es Él quien vive en nosotros, nuestro verdadero SER, cuyo Nombre más aproximado es Amor. No todos experimentamos a ese Espíritu con la misma intensidad, pero si queremos encontrarnos con Dios, sólo debemos dejar que fluya en nosotros el Amor, porque el Amor es el Verdadero Dios, el Creador de los mundos, el Sublime Arquitecto del universo, el que mora en nosotros y que somos nosotros en realidad, más allá del velo de la ilusión tendido por nuestra personalidad. El Amor es el Verbo Creador, es el Santo Espíritu, es la Divina Presencia, es el Yo Soy, pero si decimos "Yo Soy" ignorando al Amor, entonces no estamos manifestando a Dios. Con este conocimiento en ti comprenderás que nada es imposible, porque del Amor es el Reino, el Poder y la Gloria, de Él son todas las cosas y todas las fuerzas más poderosas del universo, y si dejas que ÉL OPERE A TRAVÉS DE TI, si te identificas con Él y eres Uno con Él, entonces podrás realizar todos los prodigios con los que tu corazón sueña, porque aquello con lo que tu corazón sueña es el deseo y la Voluntad del Amor.

Quedé impresionado por la potencia espiritual y claridad de aquella dama magnífica, era una Luz, un Faro. Me sentí muy afortunado de poder conocerla y le di gracias a Dios.
—¿Estás comprendiendo? —preguntó, mientras encendía un cigarrillo, hecho que por un lado me sorprendió, pero por otro me hizo sentirla más cercana a mí, ya que yo también fumo.
—Estoy tratando de comprender —respondí.
—Muy bien, ahora escúchame con atención.
—Lo estoy haciendo con todas mis fuerzas.
—Tú eres el Dios Amor —me dijo.
Quise irme de allí. Nuevamente me estaban incitando a la herejía. Si me hubiera dicho que yo era portador de Dios, claro, eso lo podía comprender, como también que Dios es mi naturaleza superior, el Rector de mi mundo personal; pero de allí a de-

cir que Enrique Barrios es nada menos que el Dios Amor, justamente el Ser de mi mayor devoción... eso no lo podía tolerar.

—Le cuesta asimilar, quiere irse —estaba diciendo el viejo dentro del que yo estaba.

—No me estoy dirigiendo a tu ego, a tu personalidad, ¿comprendes? —continuó la mujer rusa.

Silencio. Yo estaba a la defensiva.

—Estoy intentando activar tu Conciencia Divina —dijo.

Pensé que aquello tenía sentido, comprendí. Ella quería ir más allá de mi ego para hacer contacto con mi Dios interior. Me pareció que eso iba a ser muy difícil, porque mi Dios interior estaba muy lejos de mí.

—No hay separación entre tu Dios interior y tú. Tú eres Dios.

Nuevamente me remecí con rebeldía.

—No está preparado —dijo el hombre—. Habrá que intentar con el Libro Eterno.

La dama, observándome con resignación, dijo:

—Está bien. No insistiré más con ese concepto básico para el libro que debes escribir. Tu ego es demasiado fuerte aún, por eso te centras más en la adoración que en la expresión. Tu personalidad pone una barrera a la expresión de la Divinidad en ti mismo, te impide trascender el "dos", Dios y tú, para llegar a la Unidad.

Aquello no me gustó nada, dijo que yo tenía mucho ego...

—Te enseñaré entonces a leer el Libro Eterno. Allí, tú mismo podrás descubrir esa verdad.

Curi apareció nuevamente.

—¿Qué libro es ese?

—Un libro que encierra todo el saber. En él están escritos los conocimientos universales de todos los pueblos, de todos los seres humanos y de todos los tiempos. Allí se encuentran las respuestas a todas las preguntas, desde cómo cultivar nueces hasta la manera de convertir plomo o arena en oro, pasando por la historia de cada alma del universo en cualquier plano posible de existencia, en cualquier tiempo o lugar...

¡ÉSA es enciclopedia!, pensó Curi entusiamado, lleno de interés por conseguir el acceso a ella.

Imaginé que sería tan enorme, que estaría escondida debajo de la tierra o algo por el estilo.

—¿Dónde está ese libro?

—Está en todas partes, pero la gente pasa sin verlo, sin siquiera sospechar las maravillas que encierra... Si yo pude hacerte venir hasta aquí desde el futuro, sin que hayas desencarnado, es porque ese Libro me enseñó cómo hacerlo. Si pude escribir importantes tratados y fundar la Teosofía, es porque leí en el Libro Eterno...

¡La Teosofía! Entonces esta señora es nada menos que...

—Helena Petrovna Blavatski —precisó, con su primera sonrisa desde nuestro encuentro.

La Teosofía es una escuela de ocultismo que funciona en todo el mundo. Para mí en aquel tiempo constituía una especie de Universidad de lo esotérico, mucho más allá de la fantasía y de la superstición, algo muy respetable, dada la profundidad de los conocimientos que allí se imparten, pero la consideraba demasiado complicada para mí, que no tengo una inteligencia muy brillante ni una memoria muy buena. Nunca pude comprender a fondo un libro de Madame Blavatski, pero conocí varias personas que me impresionaron por su sabiduría y que se formaron allí; por eso sentí que me encontraba ante una figura gigantesca en espiritualidad.

—En mi tiempo, usted ya desencarnó...

—¿Te parece que esté muerta? —preguntó mirándome como a un niño.

—Ah, claro, estoy en el pasado...

—Sólo existe el presente. El tiempo es sólo una forma de movimiento de tu conciencia, al igual que el espacio; pero espacio y tiempo son ilusión de la mente. Sólo existe el eterno presente —dijo, poniendo mucha intensidad en sus palabras.

Segunda vez que escuchaba esa extraña idea, me refiero a que espacio y tiempo son una forma de movimiento de la conciencia. Maravilla lo había mencionado, pero me parecía rarísimo. El resto era conocido, lo del eterno presente, hasta pude vivenciarlo en alguna oportunidad, pero en un nivel de conciencia muy superior al de aquel momento. Curi estaba más interesado en la extraordinaria superenciclopedia, pero yo quería saber si tendría alguna utilidad, porque Maravilla había dicho que las respuestas a las preguntas no enseñan nada. Se lo dije a la dama.

—La ventaja del Libro Eterno consiste en que nos entrega la respuesta desde un nivel más alto de conciencia; muchas veces nos señala lo inútil de nuestra pregunta inclusive, pero siempre nos exige elevar nuestro nivel, si queremos comprender la respuesta —explicó.

—Entonces no siempre las respuestas a lo que preguntamos no nos enseñan nada —deduje.

—Toda respuesta que esté focalizada en el mismo nivel de conciencia de la pregunta, no puede enseñar nada nuevo; pero si viene desde más arriba y si se es capaz de comprenderla, entonces sí que enseña.

—Creo entonces que Maravilla no me informó a fondo...

Pronunció un nombre muy extraño y agregó:

—Te informó hasta donde debía; todo es gradual —dijo.

De manera que mi alma gemela tiene otro nombre...

Curi se apoderó de la situación.

—¿Cómo puedo leer el Libro Eterno?

—Haz una pregunta en forma mental, cualquier cosa que desees saber —propuso.

Es curioso, pero me costó encontrar en forma inmediata alguna pregunta, a pesar de la tremenda cantidad de interrogantes que todos tenemos. Un poco después se me ocurrió preguntar acerca del porqué de mis fallidos intentos de practicar la Magia con la bandeja del desayuno y todo aquello.

—Ya —dije.

Junto a ella había una mesita que contenía varios libros y periódicos. Hurgó al azar y me alcanzó un folleto escrito en ruso. Yo, utilizando las manos del señor mayor, lo recibí. También pude comprender lo que decía, gracias a que él me prestaba parte de su mente. Era un manual de jardinería.

—Puedes leer cualquier cosa, una revista, un periódico o un libro espiritual, con ellos funciona mejor; pero si la concentración es suficiente, hasta un anuncio comercial te puede brindar la respuesta que buscas. Recuerda tu pregunta y luego busca la respuesta en este folleto. Ábrelo al azar, pero tratando de "sentir" y lee lo primero que aparezca ante tus ojos. Ésa es la respuesta.

No pude creer tanta belleza, pero hice como me indicó.

¿Por qué no pude mover la bandeja?, pregunté mentalmente. Luego tomé el manual como intuyendo dónde debía abrirlo, y leí: "esos productos son absolutamente inútiles, por lo tanto, el jardinero experto los rechaza".

Pensé que el experimento había fallado, porque no alcancé a ver la relación con mi pregunta.

—¿Qué leíste? —me preguntó Madame Blavatski.

Le repetí el párrafo en voz alta y le comenté acerca de mi fracaso con la bandeja.

—El jardinero es el Mago. Ese tipo de productos son las tonterías que intentabas realizar con el Poder Divino; por lo tanto, los rechazaste y no los realizaste.

—Pero yo sí quería mover aquella bandeja —le rebatí.

—Tú, sí; pero el Mago que hay en ti, no.

Una nueva grieta se abrió en mi mente de caparazón de tortuga. De un solo golpe comprendí dos cosas. Primero, que ese Mago que es capaz de realizar milagros o dejar de realizarlos está más allá de mi yo inferior; segundo, que las respuestas a todas las preguntas se hallan en todas partes. Me había encontrado con el Libro Eterno.

—¿Cómo puedo tomar contacto consciente con ese Mago que hay en mí? —pregunté.

—Comprendiendo que ese Mago es Dios y que tú eres Él. Ésa es la síntesis de la Teosofía, de las religiones, del ocultismo y de la Magia.

Mazazo final.

CAPÍTULO 11

Me estaba helando bajo la ducha. Recordé todo. Pensé que Maravilla era una desconsiderada por dejarme allí. Descorrí la cortina para ver si estaba todavía en ese lugar. No.

Me vestí, pasé toda la tarde meditando en lo que había vivido en aquellas jornadas sin tiempo, escribiendo mis recuerdos en el computador para no olvidarlos. No tenía la menor idea acerca de cómo iba a hacer aquel libro de la Magia, pero sabía que inevitablemente llegaría la claridad.

Llegó la noche y me di cuenta de que no había comido nada desde el desayuno, algo habitual en aquellos días. Fui a cenar afuera. Como dije, no tengo paciencia para cocinar.

Tomé el automóvil, arrancó de inmediato. Sentí frío al recordar mi último trayecto en él, por una Avenida Alameda de otra siniestra dimensión. Ahora había mucha gente en las calles, vida, alegría inclusive.

—Claro, éste es el universo del Dios Amor —me dije.

Después de haber acelerado hasta la cuarta velocidad quise poner la quinta, pero no pude. Entonces recordé que mi automóvil no tenía quinta, y que mi hábito de ponerla lo había contraído en el Mercedes de aquella otra dimensión, que adopté después como mi auto permanente. Una razón más para tener presente que todo aquello no había sido ningún sueño...

Sentado en una mesa de un restaurante chino intentaba poner en orden mi cabeza.

—¿Le tlaigo la calta, señol?

—No, gracias. Quiero sólo un "chop suei" especial y algo de vino blanco.

De acuerdo a lo que ahora sé, yo imagino este restaurante; se podría decir que es mío, porque si dejo de imaginarlo no existiría... No, esa Magia no va a entrar jamás en mi cabeza de tortuga.

—Permiso —dijo una joven tomando una silla de mi mesa para sentarse frente a mí.

Miré a mi alrededor creyendo que el restaurante estaría repleto y que por eso ella no tuvo más remedio que sentarse junto a un desconocido como yo; pero no era así, varias mesas estaban vacías. Volví a mirarla, pensando que nuevamente me habrían cambiado de dimensión o algo por el estilo.

Con ese vestido rojo, deslumbrante, con su pelo suelto, no la reconocí de inmediato, pero era Maravilla, mi alma gemela de una dimensión superior. Me puse muy contento, aunque estaba sorprendido, era la primera vez que la veía en una "situación normal".

Sonreía pícaramente observando los gestos de mi rostro mientras tomaba asiento frente a mí.

Vestida de esa forma se veía todavía más hermosa, más "a la moderna". Varios hombres la observaban con disimulo desde sus mesas.

—¿Adónde dejaste tu varita? —pregunté, muy feliz con su compañía amada.

—Aquí está —dijo, empuñando un objeto invisible.

No supe si jugaba o no.

—¿Qué se selvilá la dama? —preguntó el mozo, apareciendo de improviso junto a nosotros.

Ella entabló un animado diálogo con el hombre... ¡hablando en chino! Éste sonreía feliz, como sin poder creer lo que escuchaba, y le hacía esas imperceptibles venias orientales de vez en cuando, ella también a él.

Cuando se retiró, pregunté:

—¿Sabes hablar chino?

—No conversamos en chino, sino en un dialecto de la región en la que él vivía. Estaba sorprendido porque muy poca gente lo conoce; es más, ésta fue la primera voz que volvió a hablarlo desde que abandonó su país años atrás. Dijo que nunca hubiese esperado que una mujer occidental lo hablase... y afirmó que lo hice sin acento extranjero —expresó con cierto orgullo sano.

—¿Y cómo lo aprendiste?

—No lo he aprendido, desconozco su idioma...

Aquello se parecía sospechosamente al libro de Ami.

—No me digas que tienes un "traductor" en el oído...

—En cierta forma, sí, pero no es un aparato material, sino la capacidad que todos tenemos de explorar vibratoriamente a una persona e integrar patrones de ella en nuestro psiquismo. Así se puede entablar un diálogo en cualquier idioma del universo, claro, siempre que la morfología de la garganta y bucal lo permita...

—¡Entonces Ami me engañó!

—Un libro de gran difusión no debe ser complicado, lo mismo con lo del "sensómetro", no es algo externo; pero ver el aura de cada cual y hablar en cualquier idioma es fácil, tú también puedes hacerlo.

—Ah, sí, igual que mover la bandeja con el desayuno, sólo que mi yo Mago no quiere, ¿verdad?

—El Poder Divino es para hacer el bien, no para jugar, Enrique, a menos que sea con un propósito pedagógico. Pero si Dios pone en ti un deseo o anhelo, es porque Él quiere que se realice, entonces ten por seguro que también pone en ti la capacidad de hacerlo realidad, o no sería Dios todo Amor; no va a poner el agua frente al sediento sin permitirle beberla. ¿Te parece que el Dios Amor podría hacer algo así con sus propios hijos?...

Me pareció muy alentadora y hermosa su comparación; sin embargo...

—Sin embargo crees que todo es más teoría que realidad, y como tienes el poder de hacer realidad aquello en lo que crees, haces más real la imposibilidad que la posibilidad, siglos de programación mental negativa; por eso se te hace tan difícil realizar cosas como ésta...

Me mostró su mano abierta, vacía por ambos lados, luego la puso sobre la mesa y comenzó a levantarla suavemente. A medida que lo hacía iba dejando ver una pila cada vez mayor de grandes y gruesas monedas de oro macizo...

Muy asustado miré hacia los demás comensales, deseando que no se fuesen a dar cuenta.

—Si yo quiero que nadie mire, nadie lo hace. Toma una moneda y examínala —manifestó extendiéndome una de ellas.

Era bastante pesada y estaba húmeda. Tenía inscripciones en latín. Se la devolví.

—Las acabo de retirar de un galeón español hundido frente a las costas de Haití. Vamos a enviarlas de vuelta.

Puso su mano sobre la pila y la hizo descender hasta que quedó a ras del mantel, luego la levantó. No había nada, excepto un poco de humedad, igual que en mis dedos. Me toqué el índice con la punta de la lengua. Estaba salado.

Agua del Caribe; qué maravilloso, pensó Bobi.

—Del Atlántico —precisó la hermosura, percibiendo los pensamientos de Bobi (míos).

Me eché hacia atrás en mi silla para observar a la fulgurante hada en todo su esplendor.

—¡Maravilla... eres maravillosa! —exclamé hechizado.

Ella sonrió bajando la vista.

—No lo creas, Enrique, no es nada, me haces sentir mal; es como asombrar a un niño con un truco cualquiera. En mi dimensión, tú mismo haces cosas mayores aun, y yo te amo y te admiro.

—Maravilla, eso no existe para mí, igual que mi yo Mago. Como no tengo contacto con esas realidades superiores, es como si no existieran. De nada me sirve que me digas que soy una especie de "hado" en un séptimo Cielo, ni que soy Dios mismo en un plano todavía superior. Lo que cuenta para mí es Enrique Barrios, este ser incapaz de doblar un cabello con la mente; por eso, yo sí que te admiro. Tú sí que tienes contacto consciente con tus dimensiones superiores.

—Paciencia, paciencia —me dijo.

Apareció el mozo chino trayendo una bandeja con la cena. Sólo conversaba con ella en su dialecto espantoso, ignorándome en forma total. Parecía tan encantado como yo unos segundos antes. Cuando se retiró observé que le sirvió algo distinto a lo que constituye el repertorio normal de los restaurantes chinos.

—¿Qué es eso?

—Éste es el plato típico del pueblo de este amigo. Lo preparó él mismo para mí. Es una ensalada de algas dulces.

—¿Algas dulces? ¡Puaf!

—Si te sintonizas con su vibración la encontrarás muy rica —dijo, observando con deleite aquel platillo.

—Prefiero no sintonizarme con ciertas vibraciones entonces —expresé recordando los hábitos alimenticios de cierto pueblo del interior de las selvas amazónicas.

—¡No seas cochino! —me censuró riendo.

—No he dicho nada.

—No, pero lo que recordaste era asqueroso.

—Ah, cierto que eres telépata —dije, comprendiendo que tendría que ser más cuidadoso con mis pensamientos cuando estuviese junto a ella.

—En todo momento —corrigió Maravilla.

—¿Qué dices?

—Que debes vigilar tus pensamientos en todo momento y elegir aquellos que no te hagan descender, que no te contaminen. No olvides que la naturaleza del universo es mental, todo es mental, y tu cerebro tiene la capacidad de plasmar aquello en lo que piensa, se hace realidad. Si piensas que eres infeliz, ¡sea! Si piensas que eres feo, ¡sea! Si piensas que te irá bien en todo, ¡sea! Es así como tú vas decretando tu realidad de instante en instante. Todo nace primero en la mente, después se materializa. Si piensas que tu salud es mala, ¡sea! Si aceptas tener salud de hierro, ¡sea!

—Con la condición de que el súper Mago esté de acuerdo, claro...

—El Mago que hay en ti siempre va a querer lo que te sea conveniente.

—Bueno, creo que tengo mucho por aprender acerca del tema. Ah, tú dices que la naturaleza del universo es mental, y yo escribí que es Amor...

—Y tienes razón, pero también escribiste que un grado más abajo, el Amor se transforma en energía mental, ¿no?

—Es verdad, lo había olvidado. También puse que más abajo todavía se transforma en materia.

—Es así como, si te amas (energía fundamental, Amor), debes pensar (Amor transformado en pensamiento) que tienes derecho a ser feliz, a vivir una hermosa historia, que lograrás salud y éxito, bienestar material inclusive (pensamiento transformado en materia), y si lo crees se te hará realidad; si crees que no será así, ¡sea!

—Hada de la Luz —exclamé encantado por su claridad —, me recuerdas a Ami, a propósito, ¿existe Ami? Me refiero a si es un ser con existencia propia y real, con un cuerpo y una identidad personal.

—¿No lo sientes? —me preguntó.

—¿Qué cosa?

—A Ami. ¿No sientes su "carga", su frecuencia, su vibración?
Detuve mis pensamientos para intentar sentir "la presencia Ami", pronto pude identificar claramente a esa energía particular. También me di cuenta de que mientras escribía aquellos libros, yo me sintonizaba con él sin advertirlo, por eso no me resultó nueva esa presencia.

—Sí, lo percibo...

—Intenta definir qué sensaciones produce en ti —me pidió Maravilla.

—Bueno, siento una... bondad, una bondad sonriente y alegre, ternura, no hay sufrimiento en él; es una conciencia muy clara, muy lúcida, muy alerta y de ánimo siempre positivo, de buen humor inclusive. Es algo suave, hace pensar en un mundo benigno, alegre y fraternal...

—Así es Ami. A un mundo así quiere llevar, pero en este mismo mundo —dijo el hada.

—¿Cómo se llama realmente?

Maravilla rió.

—Ya escribiste que los nombres no hacen más que confundir...

—"Ami regresa", tienes razón, ya sabes que escribo desde más arriba de mí mismo, pero todavía no estoy seguro acerca de si es una energía o un ser, y si es lo último, me gustaría conocer su nombre...

—Es impresionante cómo te desfasas de ti mismo, Enrique; estás igual que quienes veneran más al nombre, a un conjunto de sonidos, que cambian según cada idioma, que al ser real... Te contaré que en planos más elevados los seres no se identifican por sus nombres, sino por la clase de energía que irradian... Y si puedes identificar interiormente la energía de Ami, él existe.

—Sí, pero podría ser una creación mía, como el Pato Donald es una creación de Walt Disney.

—Ami es más que una creación tuya. Es un elevado nivel de conciencia que debe alcanzar aquel que quiera ingresar a un mundo, a un universo maravilloso y, por lo tanto, a un mundo sin guerras y sin sufrimiento, en el cual, además, los sueños se realizan... ¿Cenamos? —preguntó con su radiante sonrisa. Entonces me di cuenta de que mi cena se enfriaba.

Pensé que no me había respondido claramente, pero no debía ponerme majadero.
—¿Vino? —le ofrecí, pensando que iba a rechazarlo.
—Es de buena calidad, magnífico. Sólo un poquito, gracias —manifestó acercándome su copa.
—Hay algo que no comprendo, Maravilla.
—¡NO TE LO PUEDO CREER!... —dijo, imitando a mi propio Payasín, y reímos.
—Tú vienes de un plano vibratorio superior, y me imagino que por esas alturas no consumes este tipo de alimentos.
—Tienes razón, Enrique. Sucede que el cuerpo que habito en aquella dimensión es de enegías mucho más sutiles que éste, pero poseo la capacidad de densificarlo hasta que sea capaz de soportar algunas cosas de este grado de materialidad. ¿Cenamos?...
—Oh, perdón... sí.
Mientras cenaba, mi atención estaba dividida entre las preguntas que hubiera querido hacerle y contemplar su hermosura.
—Estoy muy feliz —dijo de pronto, mirándome con ese amor que me hacía ruborizar, poniendo una cálida mano suya sobre la mía.
Aquello me hacía derretir, pero a la vez me costaba comprender. Si bien Maravilla era mi alma gemela, lo era en otros planos, al menos la que estaba frente a mí; por lo tanto había en el mundo otra Maravilla, que no se llamaría así, mucho más a mi nivel. ¿Era infidelidad mental aquello?
—No, no lo es; soy la misma —dijo.
—Entonces habitas dos cuerpos en un mismo plano, ése y el del alma gemela a mi nivel; ¡dos!
—No, Enrique, en esta dimensión no está ella por el momento, pero cuando tú y ella den los pasos adecuados para que el encuentro se produzca, entonces ambos cambiarán de dimensión e ingresarán al universo apropiado, que no es justamente éste, ¿comprendes?
—Sí, está claríííisimo... —dijo Payasín.
—Algún día lo vas a comprobar —manifestó con una sonrisa.
Pagué la cuenta y me guardé la factura. El mozo le tenía un regalo, un abanico chino antiguo muy hermoso. Maravilla le ob-

sequió un libro que extrajo de su bolso, un libro "Ami", lo reconocí por las ilustraciones de la tapa... ¡escrito en chino! Luego le dio un beso en la mejilla y nos dirigimos hacia la salida del restaurante.

—¡Qué extraordinaria manera de materializar objetos de la nada!...

—No lo saqué de la nada, eso no existe; lo traje del futuro.

—¡Ami en chino en el futuro! —exclamé feliz.

—A menos que elijas un universo en el que no sea así —precisó.

Cuando llegamos a la calle, algo muy raro sucedió. Aparecimos en otra ciudad, era invierno y estábamos vestidos de forma distinta. Ella llevaba un elegante abrigo de piel blanca; yo, un impermeable claro bastante grueso, además tenía corbata, estaba como para una fiesta.

BOULEVARD SAINT MICHEL, decía un cartel en la esquina.

—¿Conoces París? —me preguntó coquetamente en un francés perfecto, inclinando su cabeza sobre mi hombro.

Yo, medio aturdido, miré hacia atrás, en donde tendría que estar el restaurante chino de Santiago, pero allí había una librería ahora. El primer título que llegó a mis ojos era "Ami, l'enfant des etoiles", pero ya no me sorprendí, era un juego de ella.

—Oui, Madame. Je connais Paris.

—Entonces llévame al Puente de los Suspiros —dijo mientras me tomaba por la cintura, como si fuese novia mía.

Yo no sabía cómo proceder, por un lado, ella provenía de un nivel superior de existencia, por lo tanto, de acuerdo al Principio de Jerarquía, ella era mi Maestra, no mi novia.

¡SACRILEGIO PENSAR CUALQUIER PECADO! me advirtió severamente Martirimaso, otro yo mío que es muy estricto en asuntos religiosos, y que me hizo pasar muchos meses de castidad, retirarme a las montañas en una carpa a buscar a Dios (los mosquitos me comieron vivo y tuve que regresar), elegir la miseria y otras opciones superables, varios años atrás.

Pero por otro lado, la deliciosa Maravilla era también mi alma gemela... qué lío. Además la atracción vibratoria que me producía su presencia me hacía querer acariciarla y besarla.

Debido a ello, Martirimaso me hacía sentir como un cerdo irrespetuoso, como un degenerado con cero medidas de evolución espiritual.

Caminamos lentamente por la solitaria rambla a orillas del Sena, con el corazón encendido, a pesar del frío exterior.

Ella, comprendiendo mis incertidumbres, amorosamente dijo:

—Enrique, tu mente es demasiado rígida, ignoras que Dios está dispuesto a concedernos nuestros sueños más hermosos. Si provienen del Amor, no hacen daño; además en todo el universo hay un solo hombre al que amo: tú, sea en ésta u otra dimensión, siempre serás tú, mi amado... —y agregó un nombre que no era el mío y que jamás había escuchado... en esta vida, pero que me remeció la conciencia.

La miré a los ojos mientras le acariciaba las mejillas y comencé a recordar nítidamente escenas de nuestro largo peregrinaje cósmico, siempre enlazados, como un sistema solar doble, como dos soles atraídos entre sí girando el uno en torno al otro, formando el símbolo del infinito, en distintos cuerpos, pero siempre sintiendo el uno al otro como su centro de gravedad permanente. Y más allá de todos los encuentros y separaciones, la totalidad de mis vidas conformaban a un mismo ser, quien tenía el nombre pronunciado por Maravilla. Cuando me dijo el suyo, el verdadero, el cósmico, supe que Madame Blavatski lo conocía de antemano.

Comprendí que ella tenía razón, que a veces la vida nos regala hermosos obsequios y que somos nosotros quienes los rechazamos por rígidas consideraciones mentales, fuera de la amorosa flexibilidad del universo, regido por un Dios que es todo Amor.

Aquel beso me transportó a las estrellas.

Luego fuimos a volar en una nave de lana y algodón.

CAPÍTULO 12

—¿Puedo encender un cigarrillo, dulce hada? —pregunté, besándola en la mejilla.
—Puedes, eres libre, Enrique.
—¿No te irás de esta habitación si fumo?
—No, no me iré si fumas.
—Dicen que las entidades superiores, como tú, no se acercan con el olor a humo...
—Tonterías. Si así fuera, Ami no habría podido acercarse a ti mientras escribías.
—Entonces es un ser de verdad —pregunté; pero me cambió el tema.
—Sólo con el aroma de la falta de Amor no podemos acercarnos. Eso es más dañino que el humo. Pero no te estoy justificando un vicio tan tonto; aunque te comprendo, yo también sé lo que es fumar... y cosas peores, pero ya las superé; tú también, el cigarrillo inclusive, pero no todavía. No hay problema, todo se va superando. No te censures demasiado, porque eso hace daño.
—Yo antes tendía a censurarme bastante por fumar, por lo del cáncer y todo eso, pero después me puse cabeza dura...
—El cigarrillo hace daño, un daño tan grande o tan pequeño como el que aceptes. No te hagas dos daños, si quieres fumar, hazlo, pero no fumes cáncer, no te eches cáncer con cada aspirada. Ya sabes que la mente crea. Piensa mejor que a ti no te hace daño, y así correrás menos riesgo; además estarás más cerca de dejarlo, porque la sensación del peligro, de lo prohibido, suele ser un atractivo extra para ciertas dependencias; en cambio, si no les das importancia, pronto verás que te alejas de ellas. Y no pienses tanto en eso. Yo conozco las tendencias tuyas que te llevarán hacia un futuro predecible. No te pre-ocupes. Por otro lado, tienes los pulmones bastante bien.
—¿Miraste a través de mi piel?

—No. Vi una radiografía que te sacaste hace poco y que estaba en tu habitación... —dijo riendo.

Yo consideré que ella era adorable.

—Gracias por compartir un pedacito de mi vida, amada Maravilla. ¿Sabes? Tú has cambiado mi existencia, has renovado mi esperanza, me has brindado seguridad en el futuro, me has hecho vivir experiencias imborrables, hermosas como no hubiera jamás esperado. Me siento muy afortunado y agradecido a Dios y a ti. Siento además que lo que vivo es inmerecido...

—¿Feote otra vez? —preguntó riendo.

—No creo, conozco mis limitaciones...

—Pero desconoces tus "ilimitaciones", eso es lo malo, como la mayoría de las personas en este mundo.

—Puede ser, por eso mismo siento que no merezco todo lo que me has hecho vivir. Tú, una sublime hada; yo, un terrícola común y corriente; sin embargo...

Encendí la luz de la mesita de noche para mirarla mejor. Aquella mirada celestial...

—Esto es un regalo para ambos, Enrique, un premio, y... te voy a confesar algo.

—¡Venga! —exclamó Curi.

—No lo tomes con tu ego, por favor.

Comprendí que era algo importante, entonces recurrí al Jefe.

—Este encuentro nuestro lo concertamos allá "arriba", es decir, según tus medidas de tiempo, a eones de este momento...

De algún modo supe que aquello era verdad, lo sentí internamente, y me pareció más hermoso todavía estar ahí con ella.

—Temí, pensé que te ibas a cerrar tanto, que iba a ser imposible, pero superaste esa fuerza que te niega la felicidad y te hace venerar el sufrimiento.

—Martirimaso —dije.

—Sí. Por eso, no te desprecies tanto, estás practicando muy bien la Magia.

—¿Yo? Esto lo realizaste tú...

—Lo realizamos juntos, tal como habíamos convenido previamente, pero tuvimos que trabajar AMBOS, no yo sola.

—Puede ser, pero lo que hago es inconsciente...

—Como sea, el resultado es que tu Magia, consciente o inconsciente, te hace realizar cosas muy bonitas, ¿no te parece, Feote?

Pensé en mis libros, en aquel encuentro hermoso, y me sobrevino un sentimiento de humildad. Comprendí que el Señor lo hacía todo, y le agradecí por permitirme ser un instrumento suyo para la realización de su Voluntad. Me emocioné hasta las lágrimas, mientras ella me acariciaba el pelo.

—Sólo espero —dijo mucho después— que no me desprecies cuando vuelvas a encontrarte conmigo, a tu nivel; entonces no seré tan hermosa ni estaré tan consciente de mi divinidad interior, pero seré la misma.

—Y yo sólo espero que ella no haya tenido una experiencia parecida a ésta con un yo mío de otra dimensión...

—¡Qué machista; y qué insensato! Tener celos de sí mismo...

Reímos, nos abrazamos.

Pasaron varios luminosos y alegres siglos sin tiempo, que a la vez eran sólo instantes fugaces.

Esbocé una pregunta que me estaba molestando desde hacía tiempo.

—¿Por qué la primera vez que te vi en forma de luz, en mi departamento, tuve la sensación de tener un revólver bajo la almohada?

—Porque regresabas de un plano en el que tenías un arma bajo la almohada. No tienes gran evolución en ese mundo.

—¡Qué complejo es todo!

—Y qué sencillo, si se mira desde otro punto de vista —dijo.

—Otra pregunta —expresé.

—¿Cuál?

—Esa vez me pediste definirme a mí mismo y yo dije que era un servidor del Dios Amor, lo cual te pareció sólo regular, ¿por qué?

—Porque si hubieras expresado tu nombre cósmico...

—Ehhh, ¿no crees que eso es pedir mucho?

—No tanto, recuerda que me reconociste en el primer instante, cuando todavía no alcanzabas a identificarte con esta realidad y tuviste un chispazo de vislumbre de planos más eternos. La segunda vez que despertaste esperé que tu mente se adaptara a este mundo y te pedí identificarte ante ti mismo.

—Y no te gustó mi respuesta.

—No es que no me haya gustado, pero si hubieras dicho algo como "Yo soy la Divinidad manifestada en este cuerpo para trabajar por la realización de mi Plan en este mundo", eso hubiera demostrado un recuerdo mayor de tu naturaleza superior.

—Tienes razón —expresé, un poco avergonzado por lo elemental de aquella respuesta mía, en comparación con lo que ella dijo.

—Un interrogante más —dije—. ¿Qué hacen las hadas?

—Ayudar a los niños, protegerlos, cuidarlos, ayudarlos.

—¿Y los "hados"?

—Lo mismo, pero de una forma más intelectual.

Mucho más tarde, sentí la presencia de la despedida. Le hice una pregunta que no quería hacer:

—¿Vas... a partir pronto?...

Me abrazó muy fuerte.

—Te amo —y me llamó por mi nombre cósmico—, comprendo tus problemas con el tiempo, sé que estoy en ventaja, porque para mí, en un abrir y cerrar de ojos vuelvo a encontrarme contigo; pero sé que para ti es distinto, igual que para esa hada chiquita que te busca inconscientemente, olvidada de su divinidad, igual que tú; pero tengo que decirte que sí, debo partir pronto, pero me llevaré el recuerdo hermoso de esta noche de París como una joya que el Dios Amor nos ha brindado. Sólo puedo decirte que tengas fe, que el tiempo es en cierta forma ilusión, es tu manera de crecer, pero siempre estamos unidos, como Dios y los seres humanos, aunque ellos sueñen ser algo diferente de Él.

Me aferré a ella comprendiendo que me iban a tocar años o siglos de soledad. El otro plano, el eterno, no me importaba.

—¡Mi naturaleza es de hombres; no de Dioses! —me quejé en forma un tanto dramática. Ella se rió.

—Si quieres jugar a eso...

Y volvió a desestructurarme, llevándome nuevamente hacia la alegría.

Después de varias caricias, me preguntó:

—¿Están claras las lecciones de la Magia?

Payasín se entrometió:

—Uf, clarísimas: todo es posible, yo soy Dios, hay millones de Enriques y Maravillas y planetas Tierra y universos y Dioses; sólo existe el presente, el Libro de la Vida es cualquier anuncio comercial, que tiene todas las respuestas, pero las respuestas no sirven para nada; si no realizas todos tus deseos es porque eres un masoquista a quien le gusta sufrir, eres y no eres al mismo tiempo; el mundo que vives, tú lo creaste, y si es malo es porque eres un tonto, ya que hay millones y millones de mundos más a tu disposición esperando que tú ingreses en ellos, y cosas así. Elemental, mi querido Watson.

El hada reía como una niña. Después dijo:

—Poco a poco se te irá aclarando todo, además cuando estés escribiendo serás asistido por...

—Sí, recuerdo, el nombre no cuenta.

—Justamente —y volvió a reír.

Luego se puso más seria y dijo:

—Amanece en París...

Yo sentí que aquello quería decir algo lapidario.

—Ya lo sé. Los vampiros y las hadas se retiran al salir el sol... —su sonrisa tenía un pequeño rictus de pena.

—Siempre estaremos cerca, Enrique, manténme dentro de tu corazón.

Payasín, a pesar de las circunstancias, dijo:

—Si a ti no te importa compartir ese lugar con otras chicas...

Una sonrisa dulce, una mirada de cielo, una varita dejando un haz de luz, y desperté.

—Buenos días, don Enrique, aquí está su desayuno.

—Mpfhuenos bías, Coca, déjalo en la mesita —respondí más dormido que despierto.

Poco a poco recordé que el día anterior había recibido el llamado del chistoso... Clarken... los devoradores... Mary Francis, el Cessna, Halifax y ¡Maravilla! De un salto me senté en la cama y miré la fecha en mi reloj: once de enero. Todo estaba bien, pero yo había vivido además varios meses extra...

—¡Coca! —llamé.

—Diga, señor —contestó desde la cocina.

Entonces recordé el resto, Madame Blavatski, el restaurante chino, París... Oh, París...
Todavía mi piel guardaba un aroma que me recordaba el Cielo.
—¿Qué se le ofrece, don Enrique?
—Estee... tuve un sueño con extraterrestres... ¿Crees en ellos?
—Uy, sí, pero me dan miedo.
—No deberías temerles, Coca. Ellos son como las personas de aquí mismo. Si vives desconfiando, atraes a gente mala. Si vives con más confianza hacia la vida, atraerás cosas y personas mejores.
—¿Y usted hace eso, don Enrique?
—Trato al menos.
—Qué raro...
—¿Por qué, Coca?
—Porque no se nota, usted es muy callado, como desconfiado... primera vez que conversa conmigo...

Entonces comprendí que los últimos acontecimientos comenzaban a producir grandes cambios en mí, especialmente gracias a Maravilla, no sólo por sus enseñanzas, sino además porque el Amor nos armoniza con la vida, y yo estaba muy enamorado, pero no sólo de Maravilla, sino, como le dijo el extraterrestre a Pedrito, de la vida, de la existencia.
—Es que soy escritor, pienso mucho, pero no desconfíes de mí, Coca. ¿Sabes? Anoche conocí a una chica que es una maravilla, una verdadera hada...
—Ahhh, era eso, se enamoró, se le nota, le hizo bien. ¡Qué bueno! Le hacía falta una compañera. ¿Piensa casarse?
—Estéee, no, es decir, sí, pero no todavía. Ella tuvo que partir de viaje a otro... país, pero después nos volveremos a encontrar y nos casaremos.

Como Coca es muy de este mundo, olió algo raro por ahí.
—¿Soñó que la conoció?...

Me sentí atrapado, y como no quería que ella desconfiase de mi salud mental y se fuese, traté de actuar con naturalidad.
—No, je, je, no fue un sueño, sino realidad. Anoche fuimos a cenar a un restaurante chino y...

Puso una cara como de no creer.

Pensé que debía tener la factura en mi ropa.
—Alcánzame la chaqueta, por favor.
Allí estaba.
—¿Ves? Aquí está —se la pasé, trató de leerla y no pudo.
—No entiendo este idioma —dijo, devolviéndomela.
Claro, le había dado otra factura, la de un lugar de París... travesuras de Maravilla.
—Me equivoqué. Ésta sí que es.
—"Restaurant Sung Wah"... qué raro...
—¿Qué es lo raro?
—Que tiene la fecha de hoy, once de enero...
Entonces comprendí que no fue una "travesura" del hada, sino un obsequio, un recuerdo, como para mantener siempre presente la realidad de nuestro excelso encuentro.
—Ah, es que fuimos después de la media noche —mentí.
—Ahhhh, tiene razón —manifestó conforme.
Yo recuperaba la salud mental ante sus ojos.
—La que no entiendo es la otra factura...
—¿Qué pasa con ella?
—Que también dice once de enero, pero, no es de Chile, ahí dice París...
Me sentí atrapado, pero muy pronto la providencia me iluminó.
—Calle París, Coca, calle París —dije, y guardé ambas facturas.
—Ah, la calle París, esa de los hoteles... de parejas...
—No soy cura, tampoco un calavera. Fue amor, Coca.
—Me alegro mucho, don Enrique —dijo, alejándose hacia la cocina, dando su visto bueno. La continuidad del servicio doméstico estaba asegurada.
—Espero que vuelvan a encontrarse muy pronto —agregó.
—Yo también así lo espero, Coca, yo también.